CHINA S‖ONE

华夏基石
管理评论

源于本土实践的管理思想原创基地

华夏基石管理咨询集团　主编

第六十四辑

官方微信

中国财富出版社有限公司

图书在版编目（CIP）数据

华夏基石管理评论.第六十四辑/华夏基石管理咨询集团主编.—北京：中国财富出版社有限公司，2023.2

ISBN 978-7-5047-7885-7

Ⅰ.①华… Ⅱ.①华… Ⅲ.①企业管理 Ⅳ.① F272

中国国家版本馆 CIP 数据核字 (2023) 第 017461 号

策划编辑	李 晗	**责任编辑**	邢有涛 李 晗 贾紫轩	**版权编辑**	李 洋
责任印制	梁 凡	**责任校对**	卓闪闪	**责任发行**	黄旭亮

出版发行 中国财富出版社有限公司

社 址	北京市丰台区南四环西路 188 号 5 区 20 楼	**邮政编码**	100070
电 话	010-52227588 转 2098（发行部）		010-52227588 转 321（总编室）
	010-52227566（24 小时读者服务）		010-52227588 转 305（质检部）
网 址	http://www.cfpress.com.cn	**排 版**	《华夏基石管理评论》编辑部
经 销	新华书店	**印 刷**	北京柏力行彩印有限公司
书 号	ISBN 978-7-5047-7885-7/F·3515		
开 本	889mm×1194mm 1/16	**版 次**	2023 年 2 月第 1 版
印 张	10.75	**印 次**	2023 年 2 月第 1 次印刷
字 数	144 千字	**定 价**	88.00 元

CHINA STONE 华夏基石 管理评论
—— 从方法论到行动力 ——
2022年第四辑　总第六十四辑

总编辑：彭剑锋

学术顾问团队（按姓氏笔画排序）

文跃然　包　政　孙健敏　杨　杜　杨伟国　吴春波　张　维
施　炜　黄卫伟

专家作者团队（按姓氏笔画排序）

王祥伍　王智敏　邢　雷　全怀周　孙　波　孙建恒　李志华
杨德民　何　屹　宋杼宸　张小峰　张文锋　张百舸　陈　明
苗兆光　罗　辑　朋　震　单　敏　荆小娟　饶　征　夏惊鸣
高正贤　郭　伟　郭　星　黄健江　彭剑锋　程绍珊

执行总编：尚艳玲　　　**版式设计：**罗　丹

主办

北京华夏基石企业管理咨询有限公司
China Stone Management Consulting Ltd.

网　　址：www.chnstone.com.cn
地　　址：中国北京市海淀区海淀大街8号中钢国际广场六层（100080）

咨询与合作：010-62557029　　　010-82659965转817
内容交流、转载及合作联系主编：13611264887（微信同）

专题

在当前艰难、复杂局势下，我们以什么样的姿态去展望未来？彭剑锋教授说："没有比保持理性乐观更好的选择了。悲观只会带来消极和痛苦，而用乐观的心态去看待未来，就有了两种结果。第一，起码现在快乐了，而不是提前透支痛苦。第二，希望会带来希望，相信相信的力量。"相信未来，这是一种信念，信念决定了思维方式，思维方式决定了判断和行动。我们呼吁中国企业家重新焕发企业家的冒险与创新精神，"用新地图寻找新大陆"，重启中国企业发展新征途。（P3）

洞见

工具只有在运用的时候，才知道称不称手、好不好用，管理工具亦然。平衡计分卡（BSC）虽然是运用最普遍的战略解码工具，但它"最大的问题是平衡"，因为企业要真正打开局面、形成优势，很难像BSC所设计的那样面面俱到，反而大多数时间是"非平衡"的，即围绕"战略破局点"开展工作。（P46）

管理必须适应日趋复杂的环境，在数字时代，叠加多重因素的影响，管理也变得越来越复杂了，管理朝向多角度进化了，对这一悄然变化着的趋势，管理者需要捕捉到。是时侯，进化公司的管理了，陈明老师提出包括"不确定性管理""成长管理"等管理进化的十个特点。（P56）

传承

家族企业传承问题，一直是老大难问题。我们新增设了《传承》栏目，关注民营企业在传承方面的探索与实践案例。《褚橙：种出好橙子才有继承权》，讲述了褚时健这位智慧的老人如何挑选和考验接班人的故事。万邦泛亚集团主席、曹氏家族第四代接班人曹慰德则阐述了他对"传承到底要传承什么，家业如何才能传承下去"这一命题的思考。（P70）

方法

本辑《方法》栏目我们刊发了四篇具有实操指导性的文章，包括对组织"三定"（定岗、定编、定员）的新认识、新思考、新答案；风雨飘摇中，如何建立组织与人的心理契约；文化理念如何通过机制制度落实到人的行为中；专精特新企业如何构建事业合伙人机制，谋取事业持续成功。（P90）

视野

2022年9月6日，中央全面深化改革委员会召开第二十七次会议，会议首次提出用新型举国体制破解"卡脖子"产业技术难题，什么叫新型举国体制？什么情形下需要新型举国体制？如何践行新型举国体制？（P130）

近几年，组织建设成为管理者关心的话题，而在这方面我们有本土成功经验可资借鉴，那就是中国共产党的组织路线。作者从文化、组织、人三者如何实现融合的角度讲述了中共的组织经验及对企业的重要启示。（P136）

阅读

在焦虑、迷茫的时代，我们需要经典著作的慰藉和力量。吉姆·柯林斯谈德鲁克，大师读大师，格外给人启发。（P150）

2022年8月24日，享誉世界的企业思想家稻盛和夫在日本逝世，我们特别精选了他的文章《越是逆境，越要特别认真地生活》，纪念大师，并且勉励我们每个人。（P157）

CHINA STONE 华夏基石

华夏基石管理咨询集团
China Stone
Management Consulting Group

最懂本土企业的研究型管理咨询机构

彭剑锋

中国人民大学劳动人事学院
教授、博士生导师
华夏基石集团董事长

管理构筑基石　　咨询智启未来

由中国本土管理咨询业开拓者之一、华为"人大六君子"之一、著名管理咨询专家**彭剑锋**创办。

会聚了近**500位**毕业自国内外知名学府，既具有扎实的专业理论功底，又有丰富实践操作经验的资深顾问。

由50多位知名教授学者、中青年专家组成的**智库团队**。

中国企业联合会管理咨询委员会副主任单位；2015—2017年连续三年入选"中国管理咨询机构50大"名单，并蝉联第一；先后获得"人才发展服务杰出供应商""最具满意度的综合性服务机构""客户信任的管理咨询机构""中国咨询业十大领导品牌"等**多项荣誉称号**。

华夏基石基于本土企业标杆案例的
八大经典咨询模块

顶层设计与企业文化建设

01.企业文化诊断
02.企业家思想提炼、管理、应用
03.企业文化大纲（企业文化表达系统）
04.价值观评价标准
05.基于价值观的干部人才体系建设方案
06.企业文化释义集（企业文化释义词典）
07.企业文化案例集
……

企业战略与成长管理

01.企业的成长阶段界定与经营问题研究诊断报告
02.行业发展与产业分析研究报告
03.企业的战略规划
04.企业产品创新与新业务发展规划
05.企业商业模式创新与行业案例的对标研究
06.资本运作与产业收购兼并策略与方案设计
07.企业成长问题与成长瓶颈诊断分析报告
……

企业变革与组织能力建设

01.基于战略的组织变革方案设计
02.平台化+分布式的组织模式设计
03.基于价值创造的集团管控模式的选择与设计
04.组织结构设计方案
05.企业决策机制与授权体系设计
06.组织责、权、利、能、廉机制设计
07.团队智慧的打造与轮值CEO制度设计
……

战略人力资源体系建设与人力资源机制创新

01.基于战略的人才系统设计方案
02.基于能力的人力资源管理体系设计
03.基于战略的绩效与薪酬激励体系设计
04.员工职业通道与任职资格体系设计
05.企业的职位体系与职位管理设计
06.KPI与平衡计分卡的应用设计
07.OKR设计与应用工作坊
……

事业合伙机制与产业生态构建

01.事业合伙机制顶层结构设计
02.命运共同体（一级合伙人）事业合伙机制构建方案
03.事业共同体（二级合伙人）事业合伙机制构建方案
04.利益共同体（三级合伙人）事业合伙机制构建方案
05.产业链属地事业合伙人模式设计
06.供应商事业合伙人模式设计
07.渠道事业合伙人模式设计
……

集团管控

01.集团战略转型与系统变革方案
02.优化高效的、分层分类的集团化公司治理体系设计
03.集团领导体制与决策机制设计
04.集团化管控模式选择与混合式管控模式设计
05.总部专业职能的角色定位、专业能力建设与价值创造方式
……

营销创新

01.营销诊断及模式设计
02.1+N全渠道模式升级
03.精准化营销策略
04.品牌IP化设计
05."顾客经营"营销模式导入
06.营销组织平台升级
07.营销队伍建设
……

阿米巴经营:平台赋能型自主经营体

01.《阿米巴经营深度调研分析报告》
02.《阿米巴经营组织划分报告》
03.《阿米巴经营组织运行规则手册》
04.《巴长竞聘机制》
05.《巴长工程》
06.《阿米巴经营分权表》
07.《阿米巴经营核算科目表》
……

电话：400-0079-000　010-82659965（总机）官方网站：http://www.chnstone.com.cn

目录
CONTENTS

方法

视野

阅读

专题

CHINA STONE ▶▶

　　信心比黄金重要，只有中国企业家，尤其是民营企业家对未来有信心，中国经济的持续繁荣才有希望。

——彭剑锋

用新地图寻找新大陆

——党的二十大之后，中国企业的新征途

彭剑锋

孙波

尚艳玲

研讨现场

华夏基石3+1论坛第41期活动

研讨嘉宾

彭剑锋　华夏基石管理咨询集团董事长，中国人民大学劳动人事学院教授、博士生导师

孙　波　中国劳动关系学院人力资源管理研究所所长、副教授，华夏基石管理咨询集团高级合伙人

陈　明　华夏基石管理咨询集团副总裁，华夏基石产业服务集团创始合伙人

徐继军　华夏基石管理咨询集团副总裁，华沣管理研究院院长

策划/主持/文字

尚艳玲　企业文化案例研究及著作咨询顾问，《华夏基石管理评论》执行总编

 ◈ ▶ 开场语

　　2022 年 10 月 16 日，中国共产党第二十次全国代表大会在北京召开，这是在全党全国各族人民迈上全面建设社会主义现代化国家新征程、向第二个百年奋斗目标进军的关键时刻召开的大会。党的二十大报告对未来中国发展描绘了路线图，提出了一系列重大判断和全方位的设计。

　　这些对企业来说意味着什么？很多企业界人士希望能听到更贴近他们实际的解读观点。尤其是在一个信息泛滥的时代，人们更需要透过表象、穿过纷乱的洞见。

　　但是，怎么展望未来？当面对极度不确定的环境时，在观察者的知识、经验、视角、思维模式、信念等影响观察结果的因素中，可能更取决于信念。信念决定了我们看待问题的思维模式，思维模式决定了我们观察事物的视角，而视角则决定了结论和判断。

　　比如，彭剑锋老师这几年一直在讲量子思维，如果我们用量子思维来观察一个事物，就可能会超越好与坏、悲观与乐观的判断，因为量子物理的核心发现之一是"态叠加"，是量子纠缠，也就是说，好与坏、确定或不确定它是叠加、纠缠在一起的，不确定就是确定，确定就是不确定。

　　过去几年，华夏基石一直在倡导中国企业真正实现转型升级发展、拥抱互联网、大数据技术带来的时代变革，要进行认知革命与思维创新，回归到企业经营管理的本质来识变、应变、谋变。我们讲，不要"用旧地图去寻找新大陆"，要探索怎么"用新瓶装新酒"，拥抱变化，在变化中寻找新机遇。很多时候，人们的痛苦并不是变化本身带来的，而是认知和心态所决定的。

　　只有适应变化才能顺应变化、超越变化，因此，今天我们提出这样一个命题"用新地图寻找新大陆——党的二十大后中国企业的发展"，请各位专家进行研判，中国企业如何能真正转换思维，走出过去高速成长期形成的成功路径依赖，用新思维理解新时代、捕捉新机遇、谋求新发展？（尚艳玲）🔲

企业发展动机面临深刻调整

■ 作者丨徐继军

中国经济进入"L"形发展

我一直在关注国家的政策变化，并且花了一些时间认真研读党的十一大以来的所有报告。中国经济的发展跟执政党本身的大政方针是紧密相关的，因此二十大报告肯定会对今后五年、十年，乃至更长的时间产生深远影响。

当前，中国企业发展形势面临着巨大的变化。我在 2022 年 4 月写过一篇名为《超竞争时代的企业生存法则》的文章，对这个变化的形势做了总结。

我们先回顾一下中国企业经历的几个阶段性周期：1980 年，国家通过推行家庭联产承包责任制启动了经济改革，这个阶段持续到 1989 年，这一轮周期并没有诞生大企业，更多的还是乡镇企业、集体企业，基本都是小公司。1992 年邓小平南方谈话之后，体制内的精英纷纷下海创业，企业越做越好、越做越大，持续到 2001 年，此时，中国经济出现了巨大的机会，我们加入了 WTO，中国经济深度融入了世界经济体系，进入了快速发展期，高歌猛进的状态一直持续到 2008 年。2008 年，世界出现了新一轮经济危机，即由美国次贷危机引发的金融危机，各个国家采取了不同的经济应对政策，中国采取的措施是通过基础设施建设拉动经济发展。

中国这项政策产生的后果是什么呢？最重要的结果就是负债率快速增长。我的团队曾专门对债务做过一个研究，政府、企业、家庭的债务从 2007 年到 2021 年不断增长，而且增长速度惊人。2007 年时，政府的负债率大概是 4.3%，企业债务大约 22%，家庭债务大约 7%，总和也就 30% 多。2008 年之后，负债率飞速增长。到 2021 年，政府的负债率大概是 62%，企业是 155%，家庭是 47%，加起来达到约 260%，这就是我们现在的债务压力。

其间，国家也进行了经济调控。2015 年时，国家就推动供给侧改革，2022 年党的二十大报告还在讲供给侧改革，就是去产能、去杠杆、去库存、补短板。但是，2015 年到 2017 年，房地产又迎来一轮涨价，整个社会的负债率继续增加。这样一系列政策举措后，给人的直观感觉是，经济形势还在上升。

但大家不要忘了，2016 年上半年，人民日报曾在头版发表了一篇非常重要的文章《开局首季问大势——权威人士谈当前中国经济》，引起全国乃至全球经济界的关注。这篇文章提出了一个重要的观点，中国经济发展进入了"L"形发展，意味着我们的高速增长阶段结束了，当时也被称为"中国经济进入新常态"。

2015 年到 2017 年，大家对"中国经济进入新常态"的感受还不明显，但到了 2018 年、2019 年，由于美国突然发难，开启贸易战，很多负面数据开始显现出来。我当时也研究过一些数据，企业债券的违约率、企业破产的数量和规模、整个社会上农民工的失业率以及上市公司老板换人等，都创下了历史新高。那时候人们已经开始谈论制造业供应链向越南、印度、墨西哥等国家转移的问题，长三角、珠三角一些制造型企业受到了很大影响。到了 2020 年，新冠肺炎疫情暴发，到现在已经持续 3 个年头。这时候大家都明确意识到，整个经济形势面临着非常严峻的变化。**现在的情况是，总的债务压力很大，劳动**

力人口在下降，失业率也在提高，这两年大学生的就业形势也很不好，已经体现在数据上。

以上就是对中国这些年经济形势的一个简单回顾。改革开放的四十余年中，中国经济发展并非一帆风顺，尤其是过去五年，正如党的二十大报告里所形容的，"是极不寻常的五年"。

大势不可逆转

从现在来看，有几个倾向已经非常明显。

第一，大势不可逆转。经济学里有一个说法，一切危机都是债务危机。现在政府、企业、家庭负债率都很高，而且人口在减少，劳动力在减少。中国和西方大国之间的关系也变得非常复杂，互信程度的恢复需要很长的时间。从党的二十大报告来看，

现在政府、企业、家庭负债率都很高，而且人口在减少，劳动力在减少。

接下来台海形势可能也存在很大变数。这些因素，都会使得我们跟外部的关系会变得紧张。

同时，虽然中国经济经过这么多年的发展，但它的特征依然是"两头在外"的经济体：一方面，主要的原料和技术在外面，比如说能源、芯片；另一方面，市场也在外面，我们内部的需求一直没有起来。国家提出要搞"内循环"，还是很有挑战性的。这种情况下，未来形势仍然比较复杂。党的二十大报告中不再提"以经济建设为中心"，而是"量的合理增长，质的有效提升"，也可以理解为实际上对量本身的增长降低了要求。大势就是这样，且这个大势的形成已经差不多快十年了。

第二，政府的作用会进一步强化。党的二十大报告里有一个提法，这个提法是："毫不动摇巩固和发展公有制经济，毫不动摇鼓励、支持、引导非公有制经济发展，充分发挥市场在

资源配置中的决定性作用，更好发挥政府作用。"也就是说，政府对经济的影响会进一步强化，国有经济的巩固和发展已经成为既定政策，国家对要素市场的控制力一定会变得更强。在商品市场，国有企业的介入也会增加，但是效率问题还需要再观察。

在分配机制方面，这次有一个很重要的提法，叫"规范财富积累机制"。党的二十大报告中讲要"坚持多劳多得，鼓励勤劳致富，促进机会公平，增加低收入者收入，规范收入分配秩序，规范财富积累机制"。也就是说，未来可能对资本性、资产性收入要进一步规范。房地产领域政策虽然会有波动，但总趋势应该不会有大的变化，依然会坚持既定政策；实业领域应该会重新得到重视。但现在还面临的一个压力就是，如何化解巨大的债务压力。与此同时，我们还需要关注全球产业分工的深刻变化，世界上会有一些新的热点区域出现，比如新加坡、越南、印度等，这些地区的发展，对我国制造业的影响还需要评估。

总的来看，党的二十大报告对当前的形势作了充分的判断。对于企业而言，接下来会面临什么样的局面呢？有机会，但不那么明朗；生意相对过去不再那么好做；"L"形的增长趋势还会继续；企业面临的市场竞争会更加激烈，生存会变得比过去还要艰难一些。总体来说，我的判断偏保守。

未来企业发展的两个驱动力

企业发展有两个驱动力，一个是市场机会，另一个是资源能力。我们一直对机会本身非常重视，这次分析党的二十大报告，出发点也是想讨论一下它带来的机会。但总体判断下来，我认为接下来对绝大多数企业来讲，可能面临的问题是如何更好地活下去，也就是企业整体效率要提高。

如何系统地提高企业效率？这也是我们咨询顾问经常跟企

业探讨的问题。企业效率的提升有其基本逻辑：如何选准主航道？如何聚焦发力点？因为企业的资源能力有限，不可能什么都能做得好，只有聚焦发力点，构建更好的商业模式、更好地整合外部资源，通过系统的流程优化、组织再造和管理机制的优化来提高整体运营效率。当然，人才队伍跟得上、技术不落后也是基本的保障。

过去我们经常讲"多快好省"，现在把"多"先去掉，考虑如何更快、更省、更好地为客户提供产品和服务。虽然不排除在某些细分领域会有机会涌现，但是整体而言，企业面临的竞争变得越来越激烈，竞争越是激烈就越是拼效率的时候。可以预见的是，有很多企业会因为管理不善、效率偏低，在这一轮洗牌中会退出历史舞台。回归到党的二十大报告的提法，是"量的合理增长，质的有效提升"。民企的效率问题相比较来说要好一些，但是依然需要提质增效，争取活下去。对于国有企业而言，巩固发展的同时，提高自身的运营效率也将会成为一个显而易见的需求。

以上就是我的几点看法。🆔

宏观大环境下，民营企业的机会在哪

■ 作者 | 陈 明

读党的二十大报告时，我重点关注的是两个问题。

第一，发展的问题。报告中提到的"中国式现代化"，让人有耳目一新之感。我理解，无论中国选择什么样的发展道路，也需要让世界理解我们，所以需要用世界能理解的语言。**中国式现代化，既是我们选择的发展定位，也是一个现代化的、具有普世性的语言表达，就是怎么去定义我们的现代化。**坦率地说，要让中国思想、中国文化走出去，其实也要用客户思维，要用别人能理解的认知来解释中国。否则，总被质疑、抹黑、误会、曲解，这并不是我们想要的。我看到党的二十大报告里面，有很多表述是试图让世界理解中国，我们怎么能让别人理解我们？你再厉害也需要别人的理解，这是我听了报告以后受到的启发。

第二，效率与公平的问题。就是怎么创造财富，财富创造出来以后怎么分配？效率与公平，这是一个社会运行的底层逻辑。让所有老年人愉快的生活，弱势群体得到关照，贫困问题得到解决，这些都是非常好的，是我们的奋斗目标。但是，太重视公平了以后，谁来奋斗、谁来辛苦？中国发展了，弱势群体得到了关照，让很多人的贫困问题得到了解决，这个解决是要靠企业家创造的财富来解决的，或者是企业创造就业机会让人得到能力成长，从而解决贫困的问题。解决社会公平的问题，要靠企业家创造的利润来覆盖，否则怎么解决？这是无论什么时候、什么情况下都要作出回答的问题。

怎么理解一系列变化

最近我跟诸多企业家一起探讨局势，我说，我们先去真正理解国家一系列政策背后的逻辑与安排。

第一，理解中央对于社会贫富差距加大的关切及思考逻辑。黄奇帆在他的一篇文章中说，他认为贫富差距加大，本质上不是市场经济的错，而是房地产、金融、互联网这些产业的发展造成了贫富差距过大。因为这些产业是靠集中资源来创造财富的，但它创造的财富只让少数人获益。比如互联网对生产力的贡献，按照经济学家的统计并没有那么大，但它造成了财富的集中，只有少数人获益。所以国家要对房地产业、金融业、互联网业进行监管。

第二，理解全球通货膨胀背后的核心原因。现在全球都通货膨胀，其实背后的原因是生产力下降了。现在的通货膨胀非常之严重，比如我们投入了那么多的生物医药，包括核酸检测，但产出的是什么？光投入没有产出（或者产出小于投入）这就造成了全球创造财富的能力下降。企业创造财富的能力在下降，又遇到了很多不确定性的因素，利润创造又有限，就势必造成通货膨胀。

第三，我们怎么理解这个社会？现在全球都出现了政治对经济的干预，不光是中国，美国也是这样。按照过去的理解，经济要全球化，政治是辅助经济全球化的，而现在却是政治在干预和影响经济。美国现在在全球搞的所谓的产业回归，实际上是在走中国计划经济的老路，只不过是放到全球范围内来做的。我想到很多年前林毅夫和张维迎的辩论，政府到底要不要出台产业政策？不光是中国，美国也是，这是共性的问题，只不过表现形式不一样而已。

第四，人的问题，按照未来学家的说法，所有的东西都会变，很难预测准确，唯独人口在所有的变量当中是相对确定的。中国现在是典型的"未富先老"，老龄化问题将给我们带来巨大的挑战。

以上是我从几个角度试图来理解世界变成什么样子了，第一，贫富差距太大；第二，通货膨胀；第三，政治对经济的干预（全球都是这样的）；第四，人口的问题。

接下来企业怎么办

1. 回归企业本质、回归企业家精神

在这个环境下怎么办呢？我们还是要回归企业本质、回归企业家精神。

第一，企业的本质是创造财富，我们站在企业的角度，还是要回归到企业的本质去创造财富。因为企业本质上是一种社会信托，社会把资源让渡给你，是让你去创造财富的，所以不管在什么环境下，企业家必须考虑的是如何持续为社会创造财富。

> 今天我们靠什么来创造财富？物质的转化率是百分之百，只有精神才能创造更大的价值。

第二，我们要发扬企业家精神，这是根本的，这方面彭剑锋老师阐述的比较多了，我就不赘述了。

第三，市场经济。市场经济是人类的智慧，我们不能因为市场经济带来了一些不好的东西就"因噎废食"，我们还是得坚持市场经济，发展市场经济。

第四，开放。中国还应当坚持高水平的开放政策。

2. 寻求差异化竞争发展空间

下面重点说一说主持人提出的民营企业的生存空间的问题，最近两年我在不同的场合讲过现在民营企业的定位是"赚四种钱"：慢钱、小钱、难钱、辛苦钱。

有一次我在深圳跟一些企业家交流，这么讲完之后，有一个企业家站起来说，"你今天讲的所有东西我都赞成，就是不

太理解我们民营企业为什么要挣慢钱、小钱、难钱、辛苦钱？"
这就是分工的问题了。你必须挣这个钱，时代不一样了。

今天我们靠什么来创造财富？物质的转化率是百分之百，
只有精神才能创造更大的价值。道生万物，从某种程度上要靠
精神创造物质，从做企业的角度来讲这是很重要的。充分发扬
创造创新精神，这是其一。其二，通过知识来创造价值。原来
是靠劳动、靠土地等，当然现在也不是这些资源就不重要了，
而是作为民营企业，更要回归到靠知识创造价值上来。当然，
知识本质上也是一种新式劳动。这个定位准确之后，民营企业
就有了生存与发展空间。

民营企业的生存空间是什么呢？如果国有企业定位于能做
大的领域，如资源类、基础设施类等，那做中小企业就是民营
企业的定位。我们要考虑如何跟国有企业协同，比如说现在国
家特别强调专精特新企业的发展。那么专精特新是什么？据我
观察，专精特新企业，在早期"烧钱"的阶段（指创意创新研发、
实验阶段）在北京、在国有国资体制内居多。国家投入很多钱
去做试验，一般快到市场变现阶段就到深圳来了，到南方来了，
说明在地缘上就有一个经济分工。所以民营企业也要明白，真
正的"专精特新"靠民营企业自身是"烧"不出来的，民营企
业要做的更多的是把技术变现，用技术在市场上创造财富。

我和各个地方的国资委交流，他们也基本上认可这个观点。
他们并不认为现在是"国进民退"，国有企业挤占了民营企业
的空间。他们说，"我们投入了很多钱，技术快变现的时候这
些人就都到了体制外，去了南方。我们也知道，从某种程度来讲，
我们也默许了这样的做法"。

实际上，这种情况也形成了国企与民企之间的一种错位竞争。

专精特新是靠时间的积累、靠技术的积累，现在来看国家
也是鼓励这样的一种循环——国家拿一大部分钱投入科研方面，
用钱来创造知识，再用知识变成钱。现在国家要吸纳通货膨胀，

钱投入了没有产出怎么办？原来靠房地产，现在就要把钱投入科研当中去，把流动性的货币消耗掉，消耗掉以后变成知识，民营企业的任务更多的是要把知识变成钱，这也是民营企业的优势，这是一个大循环。

现在不管是不是悲观，企业还是要生存下去，不管你乐不乐观，时间在照常流失。前段时间我在成都跟一个企业家交流过一个问题，看似很无奈，但也是现实。他说，陈老师，如果我现在要关掉企业，光几千人的遣散费就不得了，我不能全部都裁了，按照"N+1"来遣散员工，企业立马就破产了。从这个角度看，不管怎么样都得往前走。这个东西是不以个人的意志为转移的。有些说要"躺平"的，可能是个体户，一个企业要想"躺平"，或者要想遣散员工，估计这个企业家的财富要去掉很多，弄不好要出大问题的。企业必须要可持续存在，从国家的政策来讲也是这样。如果企业破产，是对社会过去投入企业的资源的巨大浪费，这是任何一个国家都无法接受的。

从古到今，任何一个社会，任何一个政权的崩塌的因素非常多，唯有的一个共性是没有人创造财富了，它就崩塌了。前一段时间，我看到一篇文章讲到了法国为什么丧失了企业家精神。追求平等、追求自由，唯独没有强调奋斗的话，财富怎么来？

所以从企业家的角度来讲，不管是焦虑，还是谨慎乐观，还是要面向未来，思考怎么和国有企业共舞，怎么寻找新的生存发展空间。任何一个社会，如果没有人创造财富了，没有人做大蛋糕，就会带来灾难性的变化。这是任何一个现代化的国家必须要考虑的问题。从这个角度来讲，民营企业不要觉得一片悲观，给自己的定好位之后会发现，还有很多发展空间。

3. 从三个维度思考未来

回到企业经营管理的现实，尤其是在民营企业要面对未来很多不确定的变量，我们还是按照管理大师德鲁克的理论框架，面对未来的动荡世界，可以从三个维度来考虑。

第一是生产力，这是根本。全球经济变化的根本原因就是生产力的问题，生产力下降了就会造成了矛盾，你踩我的脚了，我踩你的脚了，就内卷了。回归到企业的角度，我们要清楚未来有哪些东西是我们感到忧虑的。比如说现在讲的元宇宙、5G、大数据、智能驾驶等，热火朝天，但企业还是想清楚，你投入那么钱，提高了什么生产力？总之，生产力的问题是根本性的问题。企业还是要考虑如何提高生产力。

第二是现金很重要。现在我们面临诸多不确定性的时候，消耗现金的业务太多，一下子投入一大笔钱，回来的却是涓涓细流，这种模式就不能搞了。

第三是未来的成本。未来的岗位是靠资本投资得来的。举个例子，原来投入1万元就能创造一个工作岗位，未来可能要投入20万元、50万元才能创造一个工作岗位，生产力又这么低，怎么弄？这是我们思考未来的基本命题。不管元宇宙怎么搞也都

> 任何一个社会，如果没有人创造财富了，没有人做大蛋糕，就会带来灾难性的变化。

会是这样，除非物质得到了极大的丰富。物质得到极大丰富后就靠机器人生产吗？物质极大丰富以后就是实现马克思主义了吗？不能说没有可能，但这是一个漫长过程。

4. 突破现实困境的几个方向

具体来说，通过我们的实践观察，现在还有大量的机会出现。大家最近对美国搞的一系列全球产业规划感到忧心忡忡，尤其是芯片这个产业肯定要全球化的，很难靠一个国家的力量发展芯片产业，这是不现实的。现在美国似乎也在做全球产业规划，这只不过造成了成本的增加，造成了游戏规则的改变，搞复杂了。只要坚持市场经济，肯定能找到突破封锁的办法。

这个过程中，眼前的困难和痛苦是不可回避的，但从企业

的角度来看，有几个方向还是会出现机会的。

我总结了这两年有哪些企业在请华夏基石做咨询服务（有咨询需求的企业说明它是有发展机会的），有这几种情况。第一种是赛道的选择。毫无疑问，新能源赛道的选择是有钱赚的。第二种是专精特新的选择，尤其是在产业链、供应链的安全方面，以及在产品和技术替代方面，还有很多机会。什么叫替代？市场已经存在了，你从供给侧来革命，这对中国企业来讲，还有大把的机会。第三种是已经做到了头部的企业怎么持续成功的问题。过去在追赶行业龙头的时候，都是有办法的，但是当自己真正做到"老大"的时候，怎么做"老大"绝大多数企业是不会的。比如这个产业链，或者这个生态我能带动起来吗、怎么带动？头部企业面临着这样的问题。现在我们服务了几家头部企业，在跟他们一起探索。

我认为，适度的内卷对中国企业来说是件好事情。为什么？我始终觉得，德国、日本他们那么重视品质、重视技术不是天生的，他们也是内卷出来的。

我认为，从内卷这个层面来讲，让我们的这些企业回归到品质，回归到重视技术，这样外在的压力就不完全是一件坏事情了。当然，内卷过了头就有问题了。这两年我无论是写文章还是在企业讲课，都在强调，中国到了品质时代了，适度的内卷对于供给侧改革是有帮助的。

当然，最后从大环境方面我还是要强调或者呼吁两点：第一，要开放，要融入全球化，虽然现在是有限全球化，但我们仍然要继续开放，要融入全球化，这是毫无疑问的。我们是全球化的受益者，我们还是要开放、开放、开放，要融入进去，绕过壁垒，绕过限制，躲避美国的产业规划，这是大思路。第二，市场经济、市场经济、市场经济，我们还是要搞市场经济，还是要发挥企业家精神。这个根本的东西是不能变的，当然可能方式会发生一些变化。■

从分配制度的演变
思考"发展"

■ 作者｜孙 波

我想就分配制度的演变与发展谈几点看法。

第一，关于时代发展观的问题

党的二十大报告鲜明指出："问题是时代的声音，回答并指导解决问题是理论的根本任务。"党的二十大报告对未来中国发展描绘了路线图，提出了一系列重大判断和全方位的设计。这些判断和设计既是党的执政思想的集中体现，同时也是对当前国际形势、国内问题的思考、研判和回答。就国际形势而言，一定要有一个基本假设，当前的一系列事件，比如俄乌冲突、中美角力，这些大事件、大局势、大变化的背后，当前这个世界面临的真问题到底是什么？我读党的二十大报告时，认为行文背后有对这个真问题的思考与探寻，报告也作为一种宣言回答了中国共产党关于这个问题的思考。

从国际关系的角度来看，主流的观点或者理论主要有四种。我简单介绍一下以帮助我们进一步理解党的二十大报告中关于时代发展观的论述，四种理论中第一种理论是现实主义理论，认为国家是有主体行为内涵的载体，任何国家、任何大国都有修改国际现状、扩张自己权力的意图，这种意图以损害别国利益为代价。第二种理论是文明冲突理论，认为世界的冲突放在更大的国际视野中来理解就不是国家与国家之间争夺利益，而是文明与文明在争夺利益，是文明在谋求利益最大化，主要体现在宗教信仰或者所谓"意识形态"的冲突。第三种理论是新制度主义理论，认为世界出现了"异质同晶"现象。所谓"异质"指不同国家都有自己的文化，所谓"同晶"是指起初国家之间是不同的，但会越来越一样，逐渐关注的问题都会聚焦在民主、法制、环境保护、碳排放等问题上。这种学派属于比较典型的西方中心主义，认为世界上的理念都是来自西方。这些理念通过包括联合国、世界银行、国际货币基金组织等国际系统在全世界扩散开来。第四种理论就有点阴谋论的意思，通常也不被认为是一种理论，即认为世界是由银行家或者某类小团体所操控的。这些不同的观点是否能够准确把握当今世界发展的趋势呢？我想这在一定程度上提出了任何国家要发展必须回答的问题，当前世界面临的最大、最突出的问题究竟是什么？

党的二十大报告中指出："当前，世界之变、时代之变、历史之变正以前所未有的方式展开。人类社会面临前所未有的挑战。世界又一次站在历史的十字路口，何去何从取决于各国人民的抉择。中国始终坚持维护世界和平、促进共同发展的外交政策宗旨，致力于推动构建人类命运共同体"。我个人认为，党的二十大报告对当前世界面临的真问题进行了研判，并且明确了要面对的核心问题在一定程度上，可以归结为发展观的问题。

我认为这是中国面对巨变作出的发展选择，那就是"致力于推动构建人类命运共同体"，这一抉择体现出大国担当，我们不是会封闭而是会更加开放，我们的发展不会以限制其他国家的发展为前提，我们要考虑国家利益，也会顾及全体人类的利益……

未来，大国关系、经济全球化、全球安全等重大议题将会在这一发展观的指导下展开，这是我认为党的二十大报告中值得我们去反复琢磨的一个重点判断。

第二，发展机会与发展方式的问题

从企业的视角如何去看待"发展"？我比较认同的说法是：

企业要从过去的抓机会的发展方式转变为以能力谋发展。过去高速发展时期，企业相对同质化，拼的是"质优价廉"；后来提出了差异化竞争，在别人没有进入的我进入，人无我有，人有我优，等等。但本质上来说这些都还是外部导向、机会导向。

但是，在党的二十大报告中鲜明地提出"高质量发展"的要求下，市场最大特点是不同质竞争。就是在同样需求的情况下，将是不同质的供给，这个不同质就是高质量发展。通过高品质的产品与服务供给、企业高质量的发展模式，给企业带来新的成长空间，或者新的成长可能性。

从机会导向转向能力导向，这是中国企业成长发展的新空间。近几年来，不止一家企业来跟我们谈咨询需求的时候，定义项目的立足点就是围绕着上市来展开管理咨询项目。我们认为上市不应当是企业经营的目的，而是一个过程，解决企业的管理问题首先还是要回答企业经营

> 党的二十大报告对当前世界面临的真问题进行了研判，并且明确了要面对的核心问题在一定程度上，可以归结为发展观的问题。

最根本的问题，也就是华夏基石一直以来倡导的系统思考基础上的顶层设计。企业因所有制、行业性质差异，以及资源获取和支配方式的不同，都迫使企业的经营团队要系统思考企业的现在和未来，最后集中体现为企业的价值观体系，最终演变为企业的做事方法。所以顶层设计本质上是企业面向未来的核心价值观体系的表述，是有关事业理论与经营命题的基本假设系统，通过顶层设计，企业完成持续增长的系统思考，进而才能回答如何通过机制创新来驱动业务的持续增长。2022 年以来，感受最明显的就是有几家当时不理解不认同的企业，纷纷主动与我们进一步沟通，提出要系统地夯实企业管理的基础，从能力的角度愿意投入两到三年来做管理水平的系统提升。这就是

发生在企业身上很明显的一个变化。

　　未来企业发展的机会还是有的，而且还是大把的机会。国有企业在占据产业主导位置后，面临的一个急迫问题就是如何提高资源配置和管理效能，就是必须向效能要发展。对民营企业来说，如何在新的形势下，甩开过去同质化的竞争或者是资源差异化的竞争局面，进入不同质竞争里面。不同质竞争背后蕴含的就是创造或者满足一种更高的需求。这里就是企业的机会，所以面向未来，面对环境变化的挑战，企业还是要回归到能力成长、效能制胜上去思考企业当前应该做什么。

　　总之，我认为中国企业仍然有发展机会，企业要洞见到这种机会，但它不同于以往的由同质化竞争，或者资源差异化竞争带来的机会，而是高质量发展要求带来的机会，是高品质需求带来的机会。

第三，发展动力的问题

　　作为人力资源管理理论研究和实践者，我重点研读了党的二十大报告中关于完善分配制度的一节。要充分理解这一段表述，我们要从历史看过来。党的十三大报告关于分配制度的表述是："以按劳分配为主体，其他分配方式为补充。"但"其他分配方式"是什么，并没有明确。那个时候整个评价依据就是谁做的是"苦、累、脏、差"、谁出的力大谁工资高，所以会出现工人的工资比厂长、经理高的情况，这是在背后体现出的分配思想。

　　到了党的十五大报告，表述又发生了变化，"坚持按劳分配为主体、多种分配方式并存的制度""依法保护合法收入，允许和鼓励一部分人通过诚实劳动和合法经营先富起来，允许和鼓励资本、技术等生产要素参与收益分配"。这个时候明确提出来了允许一部分人先富起来，这是对当时环境的松绑之举，意义巨大，所以民营经济在这个时期开始，获得了巨大的发展机遇。但是，党的十五大报告表述中提到了资本和技术等生产要素可以参与收益分配，怎么参与分配并没有讲清楚。这背后折射出来的是理论已经认识到知识、技术的价值，但是如何参与分配没有讲清楚，所以那个时期国有企业的薪酬改革其实是方向不明且滞后的。那个时期大量的中西部人才，尤其像西安、成都、武汉这些高校集聚地方的人才流向了广东沿海地区，叫"孔雀东南飞"。**表面看是百万人才"下海"，其实背后是分配制度的作用**，因为沿海企业开始为人才的知识和技能，为人才的价值创造付费，而不是仅仅给人的"劳动工时"付费。当时沿海地区就依据这个领先的分配理论，在经济发展中领先。

到了党的十六大的时候，中央提出"确立劳动、资本、技术和管理等生产要素按贡献参与分配的原则，完善按劳分配为主体、多种分配方式并存的分配制度"。明确提出了劳动、资本、技术和管理可作为参与分配的要素，以贡献参与分配。这个时期国有企业的分配制度改革才真正转向用价值评价的方式来评价知识技能的价值。所以大多数知识型劳动者收入提高、有知识含量的工作收入提高，都是在党的十六大以后。

党的十七大、十八大都提出了"财产性收入分配"，承认财产性收入的合法性。

党的二十大报告对民营企业家关注的现实问题进行了回答。比如当前不少民营企业家的一大焦虑是共同富裕的焦虑，不知道怎么为共同富裕作出贡献。这次报告里面提到了，"促进机会公平""规范收入分配秩序，规范财富积累机制"，我认为"机会公平""实施就业优先战略，强化就业优先政策，健全就业公共服务体系，加强困难群体就业兜底帮扶，消除影响平等就业的不合理限制和就业歧视，使人人都有通过勤奋劳动实现自身发展的机会。"这些表述就非常清晰地回答了企业家关于"共同富裕"的困惑。在后面新华社公开的党的二十大报告完整版中，我们看到在构建高水平社会主义市场经济体制中，明确提出了"依法保护民营企业产权和企业家权益，促进民营经济发展壮大"。把这些联系起来看，事实上党中央没有回避企业家群体关注的问题，而且表述得很明确了。一方面要保护合法致富，允许财富积累，促进机会公平。另一方面规范财富积累机制，规范收入分配秩序。怎么规范财富积累的机制？偷税漏税这种财富积累的方式肯定不行，通过资本垄断的方式也要限制了。那么很清楚了，要么你就找到新的适合规范的财富积累方式，要么你就选择离场退出。

党的二十大报告中还提到"扩大中等收入群体，增加低收入者的收入"。这对企业会有什么影响？一定要注意，对企业来说，我的理解是企业对员工社保缴纳、最低工资标准、税收等要规范操作，未来监察力度会加大，钻空子的侥幸心理最好不要有，因为代价会很高。

资料链接：
从党的十三大报告到党的二十大报告，关于分配制度的表述

党的十三大报告

实行以按劳分配为主体的多种分配方式和正确的分配政策。

社会主义初级阶段的分配方式不可能是单一的。我们必须坚持的原则是，以按劳分配为主体，其他分配方式为补充。除了按劳分配这种主要方式和个体劳动所得以外，企业发行债券筹集资金，就会出现凭债权取得利息；随着股份经济的产生，就会出现股份分红；企业经营者的收入中，包含部分风险补偿；私营企业雇用一定数量劳动力，会给企业主带来部分非劳动收

入。以上这些收入，只要是合法的，就应当允许。我们的分配政策，既要有利于善于经营的企业和诚实劳动的个人先富起来，合理拉开收入差距，又要防止贫富悬殊，坚持共同富裕的方向，在促进效率提高的前提下体现社会公平。对过高的个人收入，要采取有效措施进行调节；对以非法手段牟取暴利的，要依法严厉制裁。当前分配中的主要倾向，仍然是吃大锅饭，搞平均主义，互相攀比，必须继续在思想上和实际工作中加以克服。凡是有条件的，都应当在严格质量管理和定额管理的前提下，积极推行计件工资制和定额工资制。

党的十四大报告

在分配制度上，以按劳分配为主体，其他分配方式为补充，兼顾效率与公平。运用包括市场在内的各种调节手段，既鼓励先进，促进效率，合理拉开收入差距，又防止两极分化，逐步实现共同富裕。在宏观调控上，我们社会主义国家能够把人民的当前利益与长远利益、局部利益与整体利益结合起来，更好地发挥计划和市场两种手段的长处。国家计划是宏观调控的重要手段之一。要更新计划观念，改进计划方法，重点是合理确定国民经济和社会发展的战略目标，搞好经济发展预测、总量调控、重大结构与生产力布局规划，集中必要的财力物力进行重点建设，综合运用经济杠杆，促进经济更好更快地发展。

党的十五大报告

坚持按劳分配为主体、多种分配方式并存的制度。把按劳分配和按生产要素分配结合起来，坚持效率优先、兼顾公平，有利于优化资源配置，促进经济发展，保持社会稳定。依法保护合法收入，允许和鼓励一部分人通过诚实劳动和合法经营先富起来，允许和鼓励资本、技术等生产要素参与收益分配。取缔非法收入，对侵吞公有财产和用偷税逃税、权钱交易等非法手段牟取利益的，坚决依法惩处。整顿不合理收入，对凭借行业垄断和某些特殊条件获得个人额外收入的，必须纠正。调节过高收入，完善个人所得税制，开征遗产税等新税种。规范收入分配，使收入差距趋向合理，防止两极分化。

党的十六大报告

调整和规范国家、企业和个人的分配关系。确立劳动、资本、技术和管理等生产要素按贡献参与分配的原则，完善按劳分配为主体、多种分配方式并存的分配制度。坚持效率优先、兼顾公平，既要提倡奉献精神，又要落实分配政策，既要反对平均主义，又要防止收入悬殊。初次分配注重效率，发挥市场的作用，鼓励一部分人通过诚实劳动、合法经营先富起来。再分配注重公平，加强政府对收入分配的调节职能，调节差距过大的收入。规范分配秩序，合理调节少数垄断性行业的过高收入，取缔非法收入。以共同富裕为目标，扩大中等收入者比重，提高低收入者收入水平。

党的十七大报告

深化收入分配制度改革，增加城乡居民收入。合理的收入分配制度是社会公平的重要体现。要坚持和完善按劳分配为主体、多种分配方式并存的分配制度，健全劳动、资本、技术、管理等生产要素按贡献参与分配的制度，初次分配和再分配都要处理好效率和公平的关系，再分配更加注重公平。逐步提高居民收入在国民收入分配中的比重，提高劳动报酬在初次分配中的比重。着力提高低收入者收入，逐步提高扶贫标准和最低工资标准，建立企业职工工资正常增长机制和支付保障机制。创造条件让更多群众拥有财产性收入。保护合法收入，调节过高收入，取缔非法收入。扩大转移支付，强化税收调节，打破经营垄断，创造机会公平，整顿分配秩序，逐步扭转收入分配差距扩大趋势。

党的十八大报告

实现发展成果由人民共享，必须深化收入分配制度改革，努力实现居民收入增长和经济发展同步、劳动报酬增长和劳动生产率提高同步，提高居民收入在国民收入分配中的比重，提高劳动报酬在初次分配中的比重。初次分配和再分配都要兼顾效率和公平，再分配更加注重公平。完善劳动、资本、技术、管理等要素按贡献参与分配的初次分配机制，加快健全以税收、社会保障、转移支付为主要手段的再分配调节机制。深化企业和机关事业单位工资制度改革，推行企业工资集体协商制度，保护劳动所得。多渠道增加居民财产性收入。规范收入分配秩序，保护合法收入，增加低收入者收入，调节过高收入，取缔非法收入。

党的十九大报告

坚持按劳分配原则，完善按要素分配的体制机制，促进收入分配更合理、更有序。鼓励勤劳守法致富，扩大中等收入群体，增加低收入者收入，调节过高收入，取缔非法收入。坚持在经济增长的同时实现居民收入同步增长、在劳动生产率提高的同时实现劳动报酬同步提高。拓宽居民劳动收入和财产性收入渠道。履行好政府再分配调节职能，加快推进基本公共服务均等化，缩小收入分配差距。

党的二十大报告

完善分配制度。分配制度是促进共同富裕的基础性制度。坚持按劳分配为主体、多种分配方式并存，构建初次分配、再分配、第三次分配协调配套的制度体系。努力提高居民收入在国民收入分配中的比重，提高劳动报酬在初次分配中的比重。**坚持多劳多得，鼓励勤劳致富，促进机会公平**，增加低收入者收入，扩大中等收入群体。完善按要素分配政策制度，探索多种渠道增加中低收入群众要素收入，多渠道增加城乡居民财产性收入。加大税收、社会保障、转移支付等的调节力度。完善个人所得税制度，规范收入分配秩序，规范财富积累机制，保护合法收入，调节过高收入，取缔非法收入。引导、支持有意愿有能力的企业、社会组织和个人积极参与公益慈善事业。🏛

描画制胜未来的"新地图"
——拥抱量子时代，确信生态"光明"

■ 作者 | 彭剑锋

现状：民营企业家陷入三大困惑与焦虑

企业家精神是经济发展的源动力，企业家对未来是否充满信心，企业家精神能否被激发，民营经济是否重获信心，是中国经济能否持续增长的决定要素。信心比黄金重要，只有中国企业家，**尤其是民营企业家对未来有信心，中国经济的持续繁荣才有希望**。但最近来与我喝茶交流的许多民营企业家，似乎普遍弥漫着一种消极悲观情绪，信心不足，躺平心态，溢于言表，让人颇感忧虑。我总结他们主要有三大困惑和焦虑。

一是对未来信心不足，缺乏安全感。 许多企业家对未来发展趋势感到迷茫、看不懂，对政策导向与营商环境忧虑，没有安全感。民营企业未来是否有成长和发展空间？民营企业要不要做大？能否做大？做大以后是否可以善终？这些疑问是许多民营企业家脑子里挥之不去的，所以干与不干，骑虎难下。继续干下去，动力不足，也不知道会面临什么样的风险；就此躺平，抱着一堆钱跑国外去享受生活，又心有不甘。总之，进退两难，焦虑万分。

二是面对疫情反复、经济下行，企业普遍经营困难，现金流紧张，正经受从来没有遇到的经营痛苦。 许多企业过惯了顺风顺水，挣容易的、来得快的钱的日子。一旦经济出现波折，要逆水行舟，钱很难挣时就不知所措，对企业现在如何走出经营困境没底气。同时，对基于数字化的转型升级力不从心。现在企业的生存环境确实比以往任何时候都更加复杂、更加不确定，特别是疫情反复三年，企业日常经营活动时时被打断，许多企业真感到熬不下去了。企业家对自己的企业能不能活下来、新的活法是什么，感到心里没底，越来越多的企业已将数字化作为核心战略，但基于数字化的转型升级一方面要大量花钱投入，另一方面实际推进不力，投入效果不佳，企业对要不要继续加大投入，如何投入，如何有效推进，忧心忡忡。

三是对企业交接班问题感到焦虑、忧心。目前中国的民营企业家普遍面临着从一代到二代交接班的问题。二代接班人大部分是独生子女，绝大多数独生子女要么没有意愿接班，要么没有能力接班，这是一种情况。还有一种情况是，二代接班人大多接受过西方教育，对父辈以往的成功经验难以理解和继承，与父辈在价值观与经营理念方面常常出现冲突，而且二代接班人大多没有经历一线历练和摔打，让企业家不敢全然放手，又不能不放手，"垂帘听政"会让二代接班人放不开手脚，难以在实战付出失败成本中成长。**所以接班人问题是一代企业家目前面临的既迫切又没有最优解决方案的问题。**与世界上的家族企业传承优秀做法对比，中国民营企业几乎没有家族传承计划，而且家族企业又较为缺乏优秀的治理模式。

这是当前中国民营企业家和企业面临的三大问题，怎么破解？在党的二十大之后如何描画新地图，探索新征途，谋求新发展？

解除迷茫、困惑的两大核心原则

（一）保持信心和理性乐观

我这个人天性属于乐观主义者，虽然未来越来越复杂而不确定，但在茫茫迷雾中前行，更需要保持好的乐观心态，更需要看到远处的明灯，更需要有信念和信心，不能躺平，躺平没希望，做好当下，奋力前行才有未来。我也建议大家保持理性乐观。为什么？

没有比保持理性乐观更好的选择了。悲观只会带来消极和痛苦，而用乐观的心态去看待未来，就有了两种结果。第一，起码我现在快乐了，而不是把未来的痛苦拿到现在来消受，人的痛苦，很多时候是因为在提前透支痛苦。第二，**希望会带来希望，相信相信的力量**。我相信时代总是在前进的、在进步的，即使一时遇到了问题，也一定是在自我调节中前进的。我一直说一句话，要相信中国共产党，中国共产党能够历经百年就证明其有智慧并具有自我批判和自我调整能力。所以我经常送企业家三句话：不要为过去所纠结；不要为未来所烦恼；不要为现实所困顿。迎难而上，做好自己，做好每一个当下，就有未来。

读了党的二十大报告后，我的几个忧虑被解除了，在几个重大是非问题上，党的二十大报告的精神还是让人感到放心。我认为，中国的经济未来只要坚持这几点就没有大问题。

> **一个靠规则致富的时代开启了，你要赚能够承受得了规则成本的红利，换句话说，你要付出规则成本。**

一是保持开放，不要闭关锁国。强调独立自主是对的，但是独立自主并不等于闭关锁国，如果把独立自主、自力更生理解成闭关锁国就大错特错了。党的二十大报告进一步强调了要高水平改革开放，"让开放为全球发展带来新的光明前程"，李强常委也讲"要让中国市场成为全球共享的大市场"，从这一点上看，坚定推动高水平开放是第一个定心丸。不是要搞闭关锁国，不是要搞硬脱钩，不是要搞所谓的封闭式的独立自主、自力更生，而是开放式的独立自主、自力更生，在开放过程中形成自己的特点与核心能力。

二是坚持市场经济主导，不要用老掉牙的"人民经济"替代市场经济。"人民经济"是一个20世纪50年代老掉牙的概念，这个概念已经被历史证明是错误的，不能用它来替代市场经济。学者可以提出自己的观点，学术界也需要有不同的声音，但是我认为"人民经济"这个概念是落后的。中国共产党奉行人民至上，全心全意为人民服务的宗旨，但人民至上并不等于"人民经济"或回到"计划经济"，党的二十大报告提出坚持市场经济主导原则，让市场配置资源起主导作用，提出高水平的市场调节机制。党的基本经济政策没有倒退，而是进化了，这一点没有问题，整个市场机制的主体还是市场经济，仍强调坚持"两个毫不动摇"，要相信市场经济的力量而不是计划经济的力量，这是第二个定心丸。

三是坚持按劳分配，不要"杀富济贫"。 党的二十大报告还是强调坚持按劳分配，承认财富积累，只是现在的发财致富一定要建立在规则的基础之上，一定要建立在有序的基础之上。过去那种赚快钱、赚热钱、赚容易的钱、赚体制漏洞的钱，享受政策红利的时代已经过去了。换句话说，未来企业要靠效能红利、靠能力红利谋发展，而不再是靠垄断资源、特殊关系等外在的东西。

企业要回归到真正做好自己，做"三好企业"，**即未来企业是拼人品、拼产品、拼组织的时代**，企业家要回归到有情怀、有好的人品，做企业就是做人品，要为社会提供安全可靠的好产品。未来是产品制胜与客户经营的时代，只要把产品做好，将客户价值经营好，企业的生存就没有问题。产品做好，服务做好，经营好客户，你能不赚钱吗？即使遇到疫情，那些关注产品、关注服务、致力于客户经营的企业不照样也能活下来吗？再一个，要有好的组织。这是我说的"三好企业"，还是要回归到做"三好企业"。

一个靠规则致富的时代开启了，你要赚能够承受得了规则成本的红利，换句话说，你要付出规则成本。过去那种不按规则、不按牌理出牌，享受破坏规则、"钻空子"、投机的红利时代过去了。**未来你要能够付出规则成本和依法成本，企业要靠效能**

制胜，要靠能力制胜，真正回归到效能制胜、能力制胜时代。这是企业永续发展、持续经营成长永恒不变的真理。即：赚正确而干净的钱；赚难挣的，需要技术、人才等长期投入的钱；赚需要战略耐性与时间积累的钱；赚有长板和能量聚合优势的钱。

党的二十大报告也是指明了这个发展方向，这是第三颗定心丸。

中美现在真正进入了战略竞争时代，这是不依人的意志为转移的，遏制中国发展这是美国共和党和民主党两党的共识，与美国直接竞争不可怕，可怕的是我们自己折腾自己，自己搞乱自己。虽然我们现在存在很多问题，但我一直认为竞争对手比我们存在的问题或许更多。我的不少美国朋友也认为，美国走到今天，也病了，问题很多，美国的深层次矛盾它现在也解决不了。美国也需要来一次自我批判，自我革命才能持续称霸世界。盛极必衰，美国这么多年一直是世界霸主，做惯了霸主，走到顶峰以后，就妄自尊大，就开始自己带头破坏规则，自己不讲信用，变成了规则与信用的破坏者。这个时候美国也应该来一次深刻的自我批判与反思，才能继续坐稳霸主地位。

无论中美竞争激烈到哪种程度，我认为，**中国仍然需要虚心向美国学习，学习美国先进的技术与体制的某些优势，同时走一条中国式现代化道路**。只要敢于斗争，善于学习，中国的发展是遏制不住的，而且在竞争中不断提高抗摔打能力。所以在产业互联网时代，我赞成"用新地图寻找新大陆"的观点。

（二）激活企业家创新与冒险精神

有人说，我们知道时代变了，不能用旧地图去寻找新大陆，问题是新地图在哪儿？用新地图寻找新大陆，新地图是什么？

这恰恰就是需要呼唤企业家精神的地方。企业家精神最核心的就是冒险精神、创新探索精神、敢于追求梦想的精神。

党的二十大报告提出了一个很重要的概念"中国式现代化"，强调坚持推动高质量发展，构建高水平的市场经济体制，把发展经济的重点放在实体经济上。强调教育科技、人才驱动、绿色发展，这些理念是代表先进生产力的，包括强调的人类命运共同体理念，这些都是代表先进生产力的。在理念和价值观上、对未来的世界价值观的引领上、对未来的世界经济格局判断上，我认为美国恰恰在理念上落后了，因为美国还是用二元对立思维来看待整个世界，中国恰恰是在用人类命运共同体的新思维来看待整个世界。

为什么我对未来相对乐观呢？我们现在理念上是领先的，在看待这个世界的发展上，比如说高质量发展问题、新型能源体系问题、绿色发展问题、教育科技人才驱动问题、实体经济的发展

> **企业家精神最核心的就是冒险精神、创新探索精神、敢于追求梦想的精神。**

问题等，以及人类命运共同体的问题，是要更加开放地融入世界。这些理念与认知，恰恰突破了传统的二元对立思维。所谓超竞争就是超越传统的二元对立思维的竞争，这种竞争是你中有我、我中有你的竞争，不是你死我活、有我没他的竞争。美国人现在恐怕也要进行认知与思维的革命，美国人的思维代表了工业文明时期先进的生产力，但是代表不了产业互联网时代的先进生产力，中国在看待世界的思维上恰恰是领先的。

所以我们主张高水平开放并虚心向美国等西方发达国家学习，融入世界文明，并不一定要照单全抄或重走美国等西方工业文明之路。美国才两三百年的历史，中国文化具有五千多年的悠久历史。中国文化之所以五千年不衰而历久弥新，根源在于中国文化的开放、包容。儒家为表，法家为里，道家为骨，释家为心；外儒内法，济之以道，心修以释，相互融合，兼容并包，形成一个我中有你、你中有我，又相互独立的有机整体，真正是博大精深，浑然而系统。对此我们还是要有文化自信，在中

国文化背景下完全照抄欧美的民主制度在中国无疑是行不通的，还是要将民主与威权，市场与有为政府有机融合起来。过去的思维是将民主与威权（集中），市场与有为政府完全对立起来，但在数智化时代，这两者有可能实现有机统一。从这个角度来讲，我们现在要用量子态叠加的思维替代二元对立思维，换句话说，还是要善用中国禅宗的不二法则、灰度思维来看待这个世界和中国的发展方式选择。"中国式现代化"将努力吸收世界各国优秀的成果，同时又独具自己的特色与优势，这本身就是一个态叠加的量子思维，是你中有我、我中有你的共生生态思维，其本身就已经超越了二元对立思维。

我认为，新地图现在很难描绘未来是什么，因为新地图还没有画出来，还处于探索阶段。这不像过去，过去是把世界全弄清楚了，把地图画出来了。未来的世界是啥样？未来测不准，地图没画出来，所以第一要有创新精神，第二要有冒险精神，要敢于探索，去画这张新地图，去探索新的未知的东西。

用量子思维描画新战略地图，走出新路子

五六年前，我写了几篇关于量子思维与经营战略、量子思维与组织管理的文章，2022 年量子纠缠光子实验获得了诺贝尔奖，为此许多企业家朋友都问我为何能够在五六年前就有先见之明，将量子理论应用于数智化时代的管理认知，并提出要用量子思维重构企业的战略、组织与人才思维。其实，这并不是我先知先觉，而是实践已经走在理论研究的前面。光启科技的创始人刘若鹏，海尔创始人张瑞敏等企业家在实践中很早就在用量子思维思考企业的基本管理命题，我对量子理论的学习及实践的探索，是被企业家们倒逼出来的。

2015 年，我们在为光启科技做企业顶层设计时，光启科技创始人刘若鹏就提出，光启科技作为一家以"以改变世界的创新"为使命的高科技企业，在对企业进行顶层设计时，一定要走出

《华为基本法》的成功模式和套路，一定要用创新的思维来认知企业的经营与管理。这就是量子思维。所以光启科技的顶层设计定名为《光启颠覆式创新操作系统 1.0》，首次用量子的测不准原理、态叠加原理、量子纠缠原理、量子波粒二象性原理、量子跃迁原理、量子最低能级原理等量子思维全面定义和诠释了光启科技的战略、发展路径、组织与人才。这是一个让人烧脑并脑洞大开的思想冲撞与认知革命的学习与交流体验。《光启颠覆式创新操作系统 1.0》里面提出的新思想、新思维都是超前而闻所未闻的，今天看来，既具超前引领性，又有现实可操作价值。

如果说 1998 年我们起草《华为基本法》所奉行的思想，是工业文明的智慧结晶，而《光启颠覆式创新操作系统 1.0》则是对产业互联网时代、数智时代的企业经营管理模式的想象与洞见。虽然目前光启科技和我们共同制订的《光启颠覆式创新操作系统 1.0》还处于实践探索期，光启科技还不算是一家很成功的企业，还没有取得像华为一样的成就，但是光启科技在《光启颠覆式创新操作系统 1.0》里面所提出的对企业战略、组织、人才的新认知与新思维，对量子思维在企业实践中应用的探索与创新，是有价值的。这种创新探索无论是否成功，也是具有未来意义和价值的，是可以代表未来几十年的管理思维革命的方向的。

数智化与产业互联网时代，为什么我坚持主张要进行管理的认知与思维的革命，要用量子思维重构企业的战略、组织、人？如果我们还用原来确定性、线性的思维去描画通往不确定未知时代的"新地图"，那是无论如何找不到正确方向和出路的。只有率先进行认知革命、思维创新、观念转型、能力更新，才能描绘并探索通往"新大陆"、新发展之路的"新地图"。

个人认为，量子思维有几个理论可指导我们描绘新发展之路的新战略地图。

1. 方向最重要、信念和信心最确定

量子的一个重要原理首先就是测不准原理。未来的世界就是一个测不准的世界，就是一个高度复杂的世界。如果我们从局部和细节观察这个世界，就会发现 VUCA 是这个世界的主旋律。然而就像量子力学的"宇宙波函数"，价值、意义、使命、愿景、信念这些看起来最虚拟和抽象的概念，又是这个时代最有稳定性、确定性、实在性的要素，而它们正是一个企业在不确定时代所需要坚持的，应对外部不确定性的内在最大确定性。所以企业应对外部不确定性的不二法门就是回归初心，回归价值观与战略共识，回归组织内在的价值创造活力。面对一个外部世界的不确定性，面对测不准的时候，对企业来说方向最重要，信念和信心最确定，长期的目标追求与保持组织活力是最核心命题。这就是量子强调的精神的力量、信念的力量，长期主义与内在活力的力量。

> 企业应对外部不确定性的不二法门就是回归初心，回归价值观与战略共识，回归组织内在的价值创造活力。

同时，长期主义的目标追求不在别处，就在我们脚下。我们并不是在消极等待天上掉馅饼砸中自己或等待发现一个大的战略机会，而是既朝向远方的"虚点"（愿景），又做好当下的"实点"，将当下该做的事努力做好。哪怕是做失败了，也为未来的成功奠定了基础，将当下的一件件小事做好并整合贯通起来，在行动中催生那件大事，最终聚合成涌流和势能成就心中念想的大事。正如任正非提出的"方向保持大致正确，组织始终充满活力"，褚时健提出的"做好当下的工作，就有未来，功夫到了，事就成了"。

对于众多陷入经营困难的企业而言，当下最重要的事是什么？

第一，活下来，坚定活下来的信念。伟大的企业都是煎熬

出来的，想想任正非、褚时健所经历的艰难困苦，我们众多企业家所经历的困难就算不上什么了。处于困境时企业家要向员工讲好未来美好的故事，让员工看到希望，对未来有信心，信心不能丧失，人心不能散。

第二，捂紧口袋，关注经营现金流。不盲目投资、不短贷长投，只有规模没有利润的生意不做，只增应收账款不增现金收入的单不接，靠烧钱烧出来的商业模式不干，靠打价格战打出的市场份额不要。

第三，降本增效，减人增效。削减开支，不该花费的成本要降下来，不创造价值的人、冗余的人要裁下来。该留的人才一定要尽力留住，对核心人才收入不能减，给不了当期收入，至少要给足预期收入。

第四，做好产品是当下重中之重。褚时健干过的六家企业之所以都成功，就是将功夫用在好产品上。褚时健做好产品的经营信条可归纳为十个方面：①做企业就是要盈利；②企业盈利要靠好产品；③好产品是高质量和低成本的集成；④技术是创造好产品的关键力量；⑤好产品一定要有好原料；⑥标准化才能持续造就大量好产品；⑦好产品要让产业链各环节都有利可图；⑧好产品来自好员工；⑨要让员工做好产品，就要有好的人才机制与好领导，就要敢于放权，领导要内行，发挥优势，多劳多得，搞好员工生活；⑩好产品来自好社会环境，既要主动承担社会责任，同时积极争取政府支持。企业只要按褚时健提出的做好产品的要求一条条做好当下工作，就会有未来。

第五，做好当下，就是抓好当下干部队伍，带好当下的团队，激活当下的组织。应对不确性的内部最大的确定性就是激活干部，让组织充满活力。

2. 以量子战略思维定义未来

什么叫战略？战略首先是基于未来不确定性去寻求确定性的选择，这种基于不确定性的选择往往是方向性、探索性的，甚至是试错性的，而不是来自预先精确的计算与连续性趋势的把握。某种意义上，战略不是一种预先的计划设计过程，战略的原点不是来自战略专家或战略职能部门，而是来自企业家，来自企业家对未来发展趋势与发展机会的洞见与感知，来自企业家的发心动念，是一种企业家精神的勃发，是一种面向未来的企业家信念、追求与意识流。**所谓意识流就是企业家对发展趋势、机会的先知先觉与共同认知，这种共同的认知聚合成一种意识流，这种意识流引领和聚合了各种资源和能量，最终汇成涌流而不可阻挡。**

如互联网及许多新型产业和商业模式的发育和发展，并不是来自预先的设计，而是来自企业家与投资人的超前眼光、意识与共同认知。大家都坚信未来的世界是互联网的世界，都坚信基于互联网商业模式的创新是有未来的，坚信这么做是正确的，而非因为正确才去做。有了这种前瞻性的意识与信念，大家都相信它，而且一大批企业家敢于冒险去尝试，一大批投资人愿意为未来而投资买单，资金和优秀人才都往互联网里涌，一旦能量聚合到一定程度和量级，就会找到商业模式成功的突破口。商业模式一旦成功，更多的资金和人才就会往互联网里涌入，最终会形成各种涌流，当无数涌流开始海量连接、汇集、交互以后，就会聚合成波涛汹涌、不可阻挡的洪流与大势，互联网就形成了一个全新的产业。而那些先知先觉者如阿里的马云，腾讯的马化腾，京东的刘强东及投资人孙正义、徐新、张磊等，便共同创造了中国互联网企业成长的奇迹。

所以在不确定时代，企业家精神与投资人眼光是一种稀缺资源，企业家的洞见力、方向的引领是企业战略成长永不衰竭的源泉，企业员工对未来的共同期望与对战略方向的认可是企业战略执行与战略目标的实现的内在动力与可靠保障。面对不确定、测不准，要确定正确方向，坚定信念，相信相信的力量，以足够的战略耐性，做好当下，积蓄能量，不断创新探索。正如任正非所提出的"面对不确定性，方向保持大致正确，组织始终充满活力"，这也是一种量子思维。作为一个企业，最重要的是把握大致的方向正确，不要精准，因为你测不准。方向是什么？是你要看到十年、二十年以后整个的发展方向是正确的就可以了，而且是在探索之中聚焦。

所以，第一，要把握方向，要洞见方向；第二，要有信心，因为面对不确定性，信心最重要，否则就举步不前。而当你相信了，所有的资源能力都往你确定的方向去涌现、去聚集，当能量聚集到一定量级，就有了商业模式，最后就做成了，我把它比喻为企业家精神、企业家洞见力，是一种意识流理论。就像任正非说的，做企业就是画大饼，让大家信这个大饼。但是你把阶段性的饼在探索的过程中聚焦

> **企业家精神与投资人眼光是一种稀缺资源，企业家的洞见力、方向的引领是企业战略成长永不衰竭的源泉。**

做成，然后分好饼，再画一个更大的饼，这种思维就是量子思维、迭代思维。

3. 动态聚焦，迭代中进化

战略是一种动态选择与动态聚焦，要先开枪再瞄准。 量子战略思维的第二个特点是动态选择，战略也是一种动态选择，就像 OKR 一样，首先内心要呼喊，你的内心渴望的目标是什么，然后要有阶段性的目标，再不断地调整。所以它是先开枪再瞄准，不是先瞄准再开枪。这种战略思维跟过去就不一样，经典的战略思维是非对称性资源配置原则，叫聚焦。将鸡蛋放一个篮子里，选定一个业务领域死磕，而面对不确定性，则要遵循对称性资源配置原则，将鸡蛋放五个篮子里，可能同时选三四个领域去探索，一旦发现其中冒出一个代表未来发展方向的，就把其他项目关了，然后再把资源集中在一个方向上。所以它是动态聚焦，

不是不要聚焦，而是迭代中进化升级。

4. 找到自己的能量场

量子战略思维的第三个特征是在整个社会协同体系中找到自己的定位，找到能量场。面对不确定性，企业的成长不完全是基于已有资源能力，它的成长曲线不是连续性曲线，会出现断点，会出现突变。过去的思维是连续性思维，就是你有多大资源、多大能力干多少事儿。现在面对不确定性，在某种意义上需要突破资源能力的局限。所以要大胆去探索，大胆去试错，去整合资源、去链接资源。假如我没有资源，那我也可以去整合，可以去链接。通过整合资源、链接资源就可以形成新的能量场。

在这个时代，企业的战略定位不是你有多大资源、多大能力，就定位自己干什么，而是要突破资源与能力，需要在整个社会产业生态协同体系中不断探索，不断寻找自己的定位，不断链接资源，不断突破资源与能力的局限。这跟传统的战略思维是不一样的。链接能量的聚集变得更加重要，能量场变得更加重要，未来不是基于资源能力选定一个什么样的领域，而是聚集了多少资源，在一个什么样的能量场中，这是量子的能量场思维。

重要的战略选择是找到自己的能量场。企业的成长一个叫裂变，另一个叫聚变。我们过去的思维是裂变，。未来是聚变。当我的能量集聚到一定程度以后会爆发，就像核聚变一样。聚变的能量比裂变要大得多，所以它强调能量场。原子跟原子的特点是一碰就弹开了，而量子一旦找到了纠缠会迅速聚集而形成能量场产生聚变，因此**企业不仅要取得裂变式成长，更重要的是未来的聚变式成长，这么多资源聚集在一起，形成一个新的大的能量场。**这种能量场所产生的核聚变能量是超越所有的成长模式的。生态战略思维本质上也是量子思维，生态就是各种产业要素跨界聚合，你中有我、我中有你的共生系统，就是一个相互链接与纠缠的能量和能级场。

企业的生态定位主要是三类。一是产业生态构建者，如华为、小米、平安、阿里、京东等巨型企业；二是被生态者，依附于华为、小米生态而共生，绝大多数中小企业都将依附大生态系统而共生；三是超生态者，基于独特的技术与产品优势与所有生态都合作、相融，如宁德时代等行业冠军等。

总之，企业的战略蓝图不是预先设计出来的，除了大胆想象，认准大致方向，就是快速行动，做好当下，在成功与失败的持续创新与迭代中干出来的。干得好与坏，成功大与小，取决于你的变革领导力，决定于你的组织与人。

5. 关键是要回归初心，回归价值观

用新地图寻找新大陆，关键是回归你的初心，回归你的价值观。因为你的初心、你的价值观会影响到最终整个事物的发展走向，会影响事物的形态，会让量子态产生坍塌。所以我们看待这个世界永远要有正能量思维，永远是以积极的态度去拥抱这个社会，同时，企业家需要的是认知与思维革命，用认知与思维革命去画万物互联时代企业发展的新地图，去探索和创新发展新路径，然后去寻找新大陆。

最近，我在广东给二代接班人上课，跟那些年轻人交流，我发现还是一代比一代强，要相信年青一代。第一，他们认知与思维新，大部分在国内外名校读过书，受过东西方文化和教育洗礼；第二，他们对东西方体制的利弊有深刻认识，政治上不偏执；第三，有开放、容错的心态，有时他们真的"不左不右"，不"非黑即白"。我倒是看重这一点，"不左不右"，不"非黑即白"，恰恰是态叠加，恰恰是灰度，这种思维是符合这个混沌而复杂的时代要求的。所以要超越过去的竞合思维，超越传统的二元对立思维，超越要么你"死"、要么我"死"。未来的世界是你"死"了我也不舒服，咱们都得活着，但是也别你活得太好，我活得太惨，要让所有人都有出路和活路，实现适度差异化的共同富裕。

高质量发展与数智化时代是真正的能力时代、效能时代，

是长期价值主义与创新向善的时代，所以华夏基石提出中国企业要确立"战略生态化、组织平台化、人才合伙化、领导赋能化、要素社会化、运营数智化"六化新思维，抓住基于数智化转型升级的六大要点："登科技高山，下数字蓝海、聚天下英才、与资本共舞、创世界品牌、做'三好企业'（好人品、好产品、好组织）"，创新思维，迎难而上，做好当下，以足够的战略耐性，学会慢下来、沉下去，挣正确的、干净的、难的、需要长期投入、需要时间积累、需要长板及能量聚合优势的钱。

总之，要走出现实的困惑与烦恼，企业家要目光放长远，延迟即时满足感，以积极而乐观的心态朝向未来的光荣与梦想，拒绝躺平，做好每一个当下，勇于变革创新，摆脱过去成功的路径依赖，用新思维理解新时代，捕捉新机会，谋求新发展。🔲

 **观点链接**

2023 年，给经营管理者的 15 个告诫

■ 作者 | 苗兆光　华夏基石双子星管理咨询公司联合创始人、联席 CEO
　　　　训战结合咨询专家

　　疫情防控政策调整优化的影响还在持续，2023 年，究竟对企业的经营有何影响，目前很难评估。这种情境下，企业应该如何应对？提几条原则性的建议，供企业的朋友们参考。

　　1. **不要把重大决策建立在不可靠的预测基础上。** 经营环境的不确定进一步增加，过去的不确定是因为环境变量太多、难以预测造成的，现在的不确定，是因为变量不可知、难以估计、难以理解造成的。在这种情况下，所有的预测都变得不可靠，如果把企业的战略和经营建立在这些不可靠的预测基础上，是极度危险的。有关疫情政策的预测，很多时候和人们的体感有关，被隔离时，很容易做悲观预测；被解封时，很容易做乐观预测。更多的时候，预测仅仅是预测人的期待，很不可靠。

　　2. **不确定环境下，观察比预测重要。** 企业经营者必须花更多的时间在观察环境变化上，尽可能早地、准确地看到正在发生的变化。这些正在成为现实的变化，才是可靠的机会或真实的风险。决策应以此为基础。

　　3. **保持常识判断力。** 观察环境时，一定要时刻提醒自己，虽然身处信息时代，但我们每个人都处于信息茧房里，所收到的信息已经高度碎片化和被投喂化。我们不得不承认一个现实：

到目前为止，数字化带来的结果是信息被垄断，互联网带来的结果是信息被污染。为此，经营者接收信息时，需要评估信息源，并保持自己依靠常识做出判断的能力。

4. **不以预测为基础的决策，需要执行的敏捷。** 常态环境下，决策的前置量大，可以为执行留出充分的时间；不确定环境下，为了避免陷入疲于奔命的困境，企业需要慎重决策、看清了再决策，这会造成行动窗口期大大缩短，这势必对企业的行动力提出更高要求。如果经营者不能在短期内构建起敏捷性组织，至少做好对干部员工的动员。

5. **保持谨慎的乐观。** 一项政策从酝酿、调整到执行到位，需要相当长的时间。一项好的政策，必须满足两个条件：一是符合科学规律；二是执行政策的人和社会公众充分获得有关科学的教育。第一个条件决定了政策的合理性，不合理的政策不仅代价巨大，最终也会调头；第二个条件决定了政策被执行的程度，即便是合理的政策，在面对缺乏理性的受众时，也会一筹莫展。疫情政策和保经济、保民生之间，平衡的难度不是一般的大。不仅考验政策的制定，更考验政策的执行。

6. **放开并不必然导致经营环境变好。** 防控的最终状态是共存，难在从清零到共存的过程怎么走，中间肯定会出现感染人数急剧增加。按西方国家的经验，从放开到平稳至少要经历半年，这半年里仍然会出现经营环境的错乱：经营连续性被破坏，门店不可预测地关门（非门店企业在客户界面的活动也经常中断）、生产不可预测地停工、供应链经常断链、员工不可预测地不能到岗。经营连续性被破坏造成一系列的问题也会存在：成本率上升、盈利能力恶化、客户流失、现金流紧张、裁员、士气低落、信心不足，等等。

7. **经营上仍然要保守。** 这是疫情以来我们建议企业的经营基调，2023 年不会改变。经营者千万不要有"大灾荒年代产生大地主"的企图心，世界企业发展史已经表明，活得久的企业，都有一个共性，就是保守。我们的民族文化里本来有"保守"的特点，但不知从什么时候起，保守就成了相对贬义的词。在不确定到近乎动荡的经营环境里，企业的经营者要有勇气选择保守。

8. 所谓保守的第一层含义是不冒进，先立足于活下去，再求发展。 如果把企业的经营边界分为生存线、发展线和扩张线，过去 30 多年中国大部分企业在扩张线上活动，看到机会就往上扑。这在过去是对的，那时候大环境、大系统都在增长，各行各业、产业链各环节，有大把的增量存在，扩张是没问题的。现在要立足于守住生存线，谋求发展线。在经营上把现金流和利润放在首要位置。不要试图抄底和所谓的逆周期投资，事实上，疫情三年来，有不止一拨企业尝试这么干而大伤元气了。

9. 保守的第二层含义是保存核心。 核心业务、核心客户不能有闪失，企业普遍存在的问题是进入的领域太多，核心业务不突出。经营者要清楚，当一个行业萎缩时，不是行业内所有玩家平均萎缩，而是弱的玩家先死掉，强的玩家更强。核心业务不强是多数企业的通病，经营者要敢于收缩战线，退出边缘业务，把资源集中到核心业务上来。

10. 保守的第三层含义是守住核心价值。 在不确定环境下，经营者避免不了需要在情势晦暗不明的情况下做决策，当没有足够事实和数据做支撑时，如何决策？只有依据价值观做决策。很多经营者没有清晰的价值观，任何决策都以利益权衡为基础，当条件不支持做出利益权衡时，往往优柔寡断、犹豫不决。没有价值观的企业，建不起来组织，即便有了规模，也只能是个帮会，帮会是不能持续的。

11. 控制成本。 当企业的经营连续性受到干扰时，固定成本过大会构成对企业的直接威胁，当经营连续进行时，固定成本会被经营时间所分摊；当经营不能连续时，企业的净经营时间减少，固定成本的分摊就成为负担。建立起全链路成本控制能力，降低全系统成本是逆周期下企业最基本的生存技能。

12. 刷新组织与管理系统。大多数中国企业，尤其是优秀的企业，没有经历过低增长。企业内部的管理系统是围绕高增长建立的：理念上把增长视同经营的全部，目标以增长为起点，规划以扩张为基调，激励以增量为基础，等等。在企业里，从上到下，都把增长视作理所当然的事。当低增长甚至不增长出现时，一切都变得不适应，已有的话语体系讨论起来都费劲，企业内的氛围场变得拧拧巴巴，士气低迷，人心难聚。企业必须刷新组织与管理系统，使其更具韧性和适应性。

13. 从关注规模增长到关注组织生长力。企业的经营目标分三个层面：增长、成长和生长。增长是指规模的增加、利润的增加，是最表层的；成长是指增长方式和增长质量的质变；生长是指组织内部资源活跃，具备在任何环境下生存的可能。在环境不确定和经济疲软的情况下，经营者更应该关注组织的生长力，而不是生硬地追求增长。

14. 释放个体，尊重并团结员工。组织生长力的关键在于人的激活。一棵大树旁边长出的新树苗，有可能来自大树的种子，也可能来自树根，还可能来自树枝。企业同样如此。企业具备生长力的重要特征在于任何一个部门、小单元感知到外部机会时，均能主动迎上去。这种力量一定来自企业中的个体。如何释放个体，唤起员工对企业经营的责任感和参与感，比任何一个时期都重要。

15. 流行的观点往往很肤浅，不加思考地接受是危险的，避免之策是常识判断。在这个观点横飞的年代，经营者务必要谨记这一点。

洞见

CHINA STONE▶▶

进入数字时代，真正的创新来自专业交叉地带，来自融合。在管理的实践中更是如此。

——陈明

战略解码：平衡计分卡的主要缺陷和反思

■ 作者 | 徐继军　华夏基石管理咨询集团副总裁，华沣管理研究院院长

平衡计分卡（BSC）是目前使用最多的战略解码工具，自推出以来广受推崇。但是，如果从企业经营管理更为底层的理论框架去推理，会发现这个方法存在着逻辑结构粗糙、战略解码精度不够的问题。

平衡计分卡的逻辑框架

战略解码方法经历了成本管理阶段、财务管理阶段、平衡管理阶段三个不同的发展阶段，各阶段都产生了很多有价值的思想、工具和方法。

平衡计分卡（BSC）是平衡管理阶段的主要管理工具，代表着战略解码方法的高阶水平。平衡计分卡（BSC）在理念上，突破了传统财务指标体系的框架，使非财务指标与财务指标融合在统一框架内，顺应了外部经济环境、企业竞争环境快速发展的需要（见图1）。

平衡计分卡（BSC）以企业的战略为基础，将**财务指标、客户指标、过程管理、学习与成长**四个层面的衡量内容，按照自身的逻辑体系，整合为一个整体。按照这个基本逻辑框架，企业战略问题思考和解码的过程如下。

1.企业追求的财务目标是什么？

不同的企业在不同的阶段、基于不同的战略目标，追求的财务指标也各不相同。总结归纳一下，包括业务规模（收入、利润、资产、市值等）、盈利能力（销售利润率、投资回报率等）、

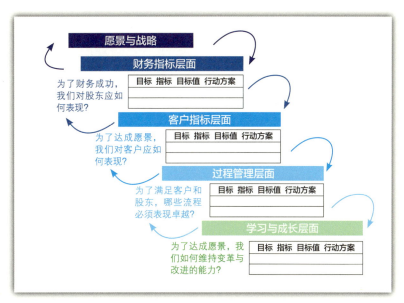

图1　基于平衡计分卡的非财务指标与财务指标融合

营运能力（资产周转率、存货周转率、应收账款周转率等）、偿债能力（资产负债率、流动比率、速动比率等）。

2.企业收益来自客户的认可，为了实现财务指标，企业的产品和服务需要满足客户的需求，这些要求就成了客户指标。

客户的需求几乎一以贯之地保持着极高的稳定性——核心指标永远是三个：**成本更低、交付更快、质量更好**。有人会将这三个指标拆分得更细，包括品牌、价格、质量、方便、选择、功能等，但实际上万变不离其宗。还有一些企业提出了更多与客户相关的指标，比如老客户回头率、新客户获得率、客户满意度，甚至会为这些指标建立逻辑关系。但从根本上来说，没有那三个核心指标支撑，这些指标都是浮云。

在这个问题上，迈克尔·波特实际上说得最到位——企业要想取得竞争优势，要么就是成本领先，要么就是差异化竞争。所谓成本领先，很容易理解，同等情况下要花费的成本更低。所谓差异化竞争，就是要做到"人无我有"或者"人有我优"。除此之外没有其他途径。

3.要能满足客户需求，需要关键业务流程支撑，这就需要基于满足客户需求的原则，向公司的关键业务流程提出指标要求。

关键业务流程因企业而异，所以在这些指标的梳理方面，基本上呈现出百花齐放的现象。比如，针对产品设计开发，会有专利数量、新产品销售额比例、专利产品销售额比例、新产品推出数量、新产品推出时间、开发费用占比、新产品投资平衡周期等；针对生产制造过程，会有标准成本、成品率、次品率、返工率等指标；针对售后服务，会有对产品故障反应的速度、售后服务成本等。

如果要对关键业务流程进行层层梳理，需要衡量和专注的关键事项会非常多，所以很多企业会自己动手或者聘请专家，开发整理庞大的关键绩效指标库，努力实现事事可衡量、事事有监测的目标。其中不乏非常精彩的指标，助力企业改进管理。然而也有一些鸡肋式的绩效指标，食之无味弃之可惜，徒增管理成本。

4.关键业务流程的运转，需要关键资源和能力支撑，比如人力资源、信息技术、体制机制、后勤保障等，那么就需要有关键绩效指标进行牵引，使其更好地支撑关键业务流程，这就是平衡计分卡（BSC）第四个层面所考虑的"学习与成长"的问题。

按照平衡计分卡（BSC）的说法，公司若想超越现有的业绩、获得未来持续的成功，就需要不断提升和创新。比如，加强员工培训，改善信息传导机制，激发员工的积极性，提高员工的满意度，等等。与之对应的关键绩效指标，就包括培训支出、培训周期、员工满意度、信息覆盖比率、合理化建议数量等。

但是，相对于前面三个维度，"学习与成长"这个维度的名称确实有些奇怪，并不直观，也不太好懂，衡量的内容和手段目前也有不少含糊的地方。

以上便是平衡计分卡（BSC）的基本框架。大致来看，这个基本框架在道理层面还是讲得通的，至少逻辑能够自洽。但是，实际应用起来，却往往给人不够顺畅的感觉，尤其工作越是深入具体，指导作用越差。比如具体到指标取舍、指标分解的时候，就很难从这套方法中找到明确的判断依据。

那么，为什么平衡计分卡会有上述问题？是我们没有真正搞懂这个工具，还是这个工具本身就有瑕疵？这就需要我们做出更严谨的解剖和分析。

财务维度和客户维度的问题

平衡计分卡（BSC）的前两个维度是财务维度和客户维度，这两个维度间呈现的关系值得商榷。这需要我们思考几个更为底层的问题。

企业因何而生存？这个问题是思考的起点。

按照经济基本原理，企业和客户之间的关系是交易关系。企业为客户创造价值，客户获取价值后支付回报给企业，从而完成双方的交易。

那么，怎么才算"为客户创造价值"呢？至少应该包括三个方面的内容：企业提供给客户的产品和服务能够满足客户需求；企业提供给客户的产品和服务，相比竞争对手能够更好地满足客户需求，所以客户选择了该企业而非竞争对手；企业能够持续地满足客户的需求。这就意味着企业获取的回报要支撑自身的存续，还意味着企业能够不断进步从而保住自己相对竞争对手的竞争优势。

通过上面的分析可以看到，企业存在的理由是为客户创造价值。企业的财务指标，是满足为客户创造价值之后的回报，也是对企业真正为客户创造了价值这件事情的验证。如果财务指标表现不佳，比如长期不能盈利，即便客户再满意，这件事情也不可持续。

基于以上分析，财务维度和客户维度更为准确的关系，不应该是平衡计分卡（BSC）中呈现的那样，而应该是下面的关系（见图2）。

图2　财务维度与客户维度的准确关系

无论是从因果关系而言，还是从企业实践中，真正能够统领企业各部分力量、形成最大合力的，都不是自己要赚多少钱，而是如何更好地满足客户需求。因此，平衡计分卡的底层逻辑实际上是很值得推敲和商榷的。

作为管理专家的德鲁克说，企业要创造客户。作为企业家的任正非说，以客户为中心。他们谁也没有说，企业要以财务指标为中心。其实，也很能说明这个道理。

过程管理维度和学习与成长维度的问题

过程管理、学习与成长这两个方面很重要，但平衡计分卡（BSC）有一个明显的缺陷，那就是没有给出过程管理、学习与成长这两个维度严谨的逻辑结构。

实际上，这两个维度的内容并不新鲜，而且还有结构非常严谨的管理工具，远比平衡计分卡（BSC）要讲得清楚。下面举两个例子。

第一个工具：价值链。

迈克尔·波特在论述"竞争优势"的时候，创立了"价值链"这个分析工具，应该算是管理专业和实践领域最常用的管理工具之一。

波特的"价值链"，将企业的活动分解为基本活动和支持性活动。基本活动是指在产品的生产、补给、销售、营销和售后服务过程中能为顾客创造价值的一系列活动的任务。而支持性活动是指为了支持产品的生产、补给、销售、营销和售后服务工作而进行的活动或任务（见图3）。

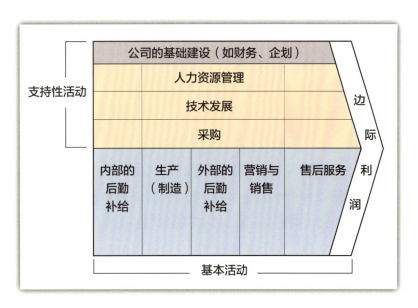

图3　企业的基本活动和支持性活动

在波特看来，企业是以"价值链"的方式创造价值的。"价值链"是企业各种主要活动的组合，企业的竞争优势就是在整合并组织这些活动的过程中展现的。

"价值链"强调价值活动之间相互关系的重要性，所有的业务流程应该相互促进和配合，以使其共同产生的价值远大于各价值活动自身价值之和。

"价值链"理论提供了一个科学的视角，帮助企业更有效地识别和定义企业的业务流程。按照"价值链"的思路，明确哪些流程属于直接增值的基本活动，哪些属于辅助增值的支持性活动。同时，可以审查各个流程的价值贡献度和价值减少度，从而可以找到流程优化的着力点。

将"价值链"和"平衡计分卡"进行比较，我们就可以发现：用"价值链"中的"基本活动"对应平衡计分卡中的"过程管理维度"，用"价值链"的"支持性活动"对应平衡计分卡中的"学习与成长维度"，基本严丝合缝。因此可以说，平衡计分卡在思维深度上，并没有超越"价值链"，或者说，其底层逻辑也是来自"价值链"。而且，"价值链"的逻辑框架相对于平衡计分卡更加严谨。

第二个工具：流程结构。

实际上，波特的"价值链"也并不是足够严谨的管理工具，算是关于企业关键流程的粗线条思考而已。其中，基本活动实际上就是关键业务流程，支持性活动就相当于赋能流程。

绝大多数管理工具，其背后更深的底层逻辑，基本都来自系统工程或者系统动力学。如果用系统理论的视角审视价值链，会发现价值链结构也很粗糙。根植于系统理论的流程管理方法，近些年突飞猛进。从企业关键流程角度审视企业，实际上已经形成了更完善的逻辑框架（见图4）。

图4　更为完善的企业逻辑框架

按照美国生产力标杆协会（APQC）2012年发布的跨行业通用版流程总架构，企业的流程包括运营流程、管理及支持流程两个部分，共计12个一级流程。

如果用 APQC 流程架构和平衡计分卡进行对照，我们就可以发现：用流程架构中的"运营流程"对应平衡计分卡中的"过程管理维度"，用流程架构中的"管理及支持流程"对应平衡计分卡中的"学习与成长维度"，也完全可以对应上。而且，APQC流程架构结构更加严谨。这种基于系统工程框架形成的流程架构，其严谨程度也远远超过了平衡计分卡（BSC）那种简单将内部诸多要素归纳为"内部流程"和"学习与成长"的做法。

当然，企业管理水平在不断进步，我们不能用上帝视角去批评平衡计分卡，毕竟这个工具诞生于 20 多年前，不应该苛求。但是，对于当今的企业管理者而言，也应该与时俱进，自觉学习更为严谨和先进的管理方法，而不是将自己禁锢在平衡计分卡的框架之中。

平衡计分卡的落地难题

从企业战略解码需要出发，如果仅仅将战略目标（客户维度指标、财务维度指标）分解到关键流程维度，显然是不够的。

道理非常明显，在企业内部，关键流程实际上是指向某个关键指标的系列工作组合，而由流程串起来的各项工作，是由不同的责任主体，也就是各部门和关键岗位承担的。

自亚当·斯密的《国富论》开始，专业分工就成为企业运营管理的基本原则，各部门和关键岗位才是企业中最重要的责任主体。这也就意味着，**战略解码必须要准确、有效地分解到各部门、各关键岗位，才算真正解码完成，而平衡计分卡（BSC）这个工具却分解到关键流程就戛然而止，所以它并不算是一个完整的战略解码工具。**

在管理理论中有一种说法，"战略决定组织"。与之相对应的是，企业整体的战略目标要分解到各部分。一直以来，这似乎是天经地义的。

但是，在管理实践中，却并非如此。比如，企业为什么要设立这些部门？为什么要设立这些岗位？为什么这些部门和岗位要设置这样的职责？如果按照上面的思路，很难严谨地推导出来结果。最终，也总是含含糊糊地定完了事，基本说不出个所以然来。再比如，虽然根据平衡计分卡，企业可以从四个维度提出一系列绩效指标，但是这些指标如何严丝合缝地分配各部门？具体指标怎么定？指标值定多少合理？对于公司中做这件事情的部门和人员而言，都非常头痛。因为缺乏能够令人信服的严谨逻辑，最终也往往通过所谓头脑风暴、集思广益、沟通谈判这些方法含糊地完成，其结果经常是留下不少瑕疵。

之所以有上述这些问题，是因为从公司目标到部门职责之间，从公司整体指标到部门指标之间，需要"流程梳理"这样一个中间环节。而从业务流程指标到部门指标，需要"逆推法"来完成。

"平衡"是最大的缺陷

平衡计分卡（BSC）最大的特点是平衡，因为综合考虑了财务、客户、内部流程、学习与成长等四个方面的因素。但是，平衡计分卡（BSC）最大的缺陷也是平衡，因为企业要真正打开局面、形成优势，就不可能面面俱到，而是要围绕"战略破局点"开展工作。

其实，关于企业战略的思考，脉络一直非常清晰。

迈克尔·波特在他的"竞争战略"中说得非常清楚。企业要想形成竞争优势，要么成本领先，要么差异化竞争，二者不可兼得，只能二选一。而且，企业不论是要成本领先，还是要差异化竞争，最好都通过集中化战略来实现。也就是，将目标集中在特定的顾客或某一特定地理区域上，也即在行业内很小的竞争范围内建立独特竞争优势。道理其实非常简单，任何企业的资源和能力都是有限的，不通过集中化战略，就形不成竞争优势，最终就得出局。

迈克尔·波特之所以能够奠定其大师地位，就在于他构建出的这个关于企业战略的简洁而严谨的底层逻辑，几乎可以解释一切企业战略。他的战略思想其实很清楚，企业战略追求不能面面俱到，也不可能形成全面优势、既要这个也要那个，就得选准突破点，集中力量猛烈攻击，这样才能形成竞争优势。

华为任正非提出来著名的"压强原则"，说得其实也是这个道理。按照华为的观点，华为要在成功关键要素和选定的战略生长点上，以超过主要竞争对手的强度配置资源，要么不做，要做，就极大地集中人力、物力和财力，实现重点突破。全体员工聚焦于目标，力出一孔，利出一孔。

在迈克尔·波特的"竞争战略"思考框架之后，关于企业战略的思考在不断深入。比如 W·钱·金提出的"蓝海战略"、克里斯滕森的"颠覆性创新"都做了非常重要的战略思维拓展和贡献。我们看到，这些战略关于战略破局点的思考，相对于迈克尔·波特的"竞争战略"越发精确和深入。这其实也能给我们很重要的启发，那就是**战略的关键并非追求所谓的平衡，而是要更为精准的锁定"战略破局点"**。

就像我们前面所讲的，客户需求可以归纳为三个核心指标：成本更低、交付更快、质量更好。但实际上，我们可以发现，这三个指标之间是互斥的。比如要想质量更好，往往成本就低不了、交付速度就要打折扣。所以，企业往往追求的是，有一个或者两个指标和竞争对手差不多，然后重点突破另外两个或者一个指标。

从企业经营实践的角度来看，这些道理非常清晰明了，企业必须要围绕"战略破局点"，集中优势资源和能力猛攻，才可能取得竞争优势。

很显然，平衡计分卡（BSC）在形成自身框架和体系的过程中，更多地强调了完整性、平衡性。但是，**虽然企业应该做好的事情很多，但每个发展阶段都应该有其需要特别关注的"战略破局点"，这才是企业战略的核心所在**。然而，平衡计分卡并没有能够引导企业去思考这个核心问题。这不能不说是平衡计分卡的一个明显缺陷。🔟

是时候，进化公司的管理了

■ 作者｜陈 明 华夏基石管理咨询集团副总裁，华夏基石产业服务集团创始合伙人

进入数字时代，管理必须适应日趋复杂的环境。现实中管理对各级管理者提出越来越高的要求，管理也变得越来越复杂了。适应性造就复杂性。管理朝向多角度方面进化了，但也不会复杂到无以复加，不适合人类掌握了。人类在技术的加持下，管理还是可以把握的。

一、不确定性管理

过去的世界是个相对确定性世界，世界变化比较慢，也有迹可循，基本上是个线性关系，朝着更大、更多、更强等方向演变，那个时代的管理就专注于内部，可以说是相对确定性的管理，适应外部环境的矛盾不突出，做到"内求"基本可以生存了。

但此一时彼一时，现在整个世界都不太平，动荡不安，不确定性日趋增强是个常态，但是不确定性也有"好处"，不确定性中包含着利润、机会等。经济的发展不是消灭不确定性，而是驾驭不确定性。不确定性必须纳入管理中，管理从眼睛向内，转化成内外兼顾，甚至外部的不确定性管理占更重的比例。管理实际上就是追求大概率事件，追求规律性来对抗偶然性、不确定性，通过内部规则的确定性对抗外部不确定性。

为机会而管理。机会主要源于外部，源于市场中；源于混沌，源于不确定性。中国企业过去有一个通病，对问题过于关注，对机会关注不够，对机会管理投入不够。一个企业的发展一定是建立在把握机会的基础上，机会牵引发展，大机会带来大发展。

笔者参加过很多企业的经营分析会，绝大多数企业都把精力放在没有完成的指标上，却对表现特别好的产品或市场视而不见，这似乎是一个"常识"。但对经营企业来说，这个恰恰有问题，根据管理大师德鲁克的洞察，机会往往藏在出乎意料之中（包括自己和友商在内，出乎意料的成功，或出乎意料的失败），问题的解决一般来说只会恢复正常，不会带来多大的机会。资源和精力，尤其要把年富力强的管理人才配置到机会中，甚至饱和配置到机会中，充分"获取"机会的红利。尤其现在的机会窗口期越来越短，稍有疏忽，机会窗口期就关闭了。

为反脆弱而管理。一个组织真正的强大在于能把握突如其来的机会，同时能够抵抗计划外的打击。一个组织需要保持一定弹性，并且充满活力，也要练就极限生存能力，组织越大越要注重危机管理以及安全管理（安全地活下来）。中国绝大多数企业还是缺乏这种反脆弱意识，一方面，过去发展一直比较顺利，高歌猛进，加上教科书的教导（比如全球分工、全球贸易、比较优势、西方社会普遍尊重契约精神等），似乎觉得世界本该如此，天经地义，很难想象有"不讲武德、直接掀桌子"的事情发生，比如，用断供来打压你。另一方面，中国绝大多数企业过去实力不够，基本上还是靠价格来与别人竞争，每个行业的主要"玩家"还没有特别地注意到你，你的企业还没有进入别人的"法眼"。

反脆弱是一种不确定性，也要纳入自己的管理体系中，要定期进行极限压力测试，以期找到应对之策。

二、成长管理

成长是一个企业的永恒主题，企业成长既有数量上的增长，也有质量上的增长，也就是实力的增强，同时企业还需要适应环境。没有成功的企业，只有成长的企业。

成长是第一位的。企业的所有经营管理活动必须聚焦到企业的成长上。企业的问题必须在成长中解决，不能在静态中或停下来的时候解决问题。《华为基本法》上明确表示，华为追求的是在合理利润基础上的成长的最大化。这个在现实中如何操作呢？其实一个企业的净利润是需要控制的，而一般来说，费用的投入与未来成长关系非常大，很多企业为了报表"靓丽"，控制费用的投入，这实际上会造成企业成长的后劲不足。企业要为未来成长投入，这种投入必须为企业带来较高的毛利，只有毛利空间大了，才会有更多资源投入未来，这样就形成成长的正循环。而这种投入必须坚持"二十英里"战略，坚持每年都这么做，"细水长流"，真正做时间的朋友，这样才有"复利"的效果。

成长的选择一定来自机会，这个机会就是企业的成长空间。首先，这个机会一定存在于企业的外部，在市场中，机会牵引成长。

> **不在主航道的业务，尽量要收缩，否则就会造成力量的分散。**

只有大市场才能产生大企业，水大鱼大，这是最主要的。其次，成长领域的选择必须有利于核心能力的提升，每一次的选择一定要带来综合实力的提升，盲目的多元化失败率较高。尤其经济形势不景气的时候，企业要更加重视"归核"运动，这个"核"就是企业的核心能力。不在主航道的业务，尽量要收缩，否则就会造成力量的分散。这种分散，主要是资源，尤其指真正管理者的精力，一把手或具有企业家精神的人才的精力很稀缺。很多时候，机会来自聚焦、深挖某个领域，与客户天天"泡"在一起。如果一家企业对每个领域都"浮于表面"，一般是发现不了机会的。

现在中国许多的优秀企业，在创业阶段把握了一个好机会活下来了，并做成了上市公司，但普遍面临的一个主要问题是寻找第二增长曲线。因为第一曲线做得不错，甚至占据市场上比较大的份额，再坚持做下去，也没什么成长空间了。公司的第二增长曲线一直处在寻找、论证过程中，但始终不敢下手。按照施炜老师的话说，战略意志力不坚强。笔者经常与这些第一增长曲线做得不错、第二增长曲线迟迟做不出来的企业决策层交流，他们有一个共同的"理由"，总是想找到一片蓝海，或如当年创业一样，抓住一个机会，但现在真正的机会越来越少，即使有机会，但其机会窗口期也越来越短，稍纵即逝。对那些迫切需要寻找第二增长曲线的企业，要敢于下决心选择大赛道，也就是敢于选择市场。

客观地说，现在是全球资本过剩，缺乏的是新产业。现在不能指望有什么机会别人没有看到，被你发现了，现在基本上是"红海一片"或"很快就会红海一片"，真正优秀的企业必须有两大能力：一是产能过剩了，我如何赢；二是一定要依靠组织力量赢得竞争优势，真正实现从机会成长到系统成长，也就是打造自己的组织力量，并为技术长期投入，形成自己的核心能力，依据自身的能力创造出机会来。

三、融合与迭代

数字时代是一个信息时代，由于技术的发展，信息的生成与传递瞬间实现，信息成了一个重要生产力要素，是重要的价值创造要素。这是个高度不确定的时代，速度比规模更为重要，这对管理带来了深远的影响。

传统的思维中，管理、经营、创新、领导等都有清晰的定义，泾渭分明。但在今天这些定义都有融合的趋势。工业革命年代，管理从领导中分离，但进入数字时代，管理和领导也有融合的趋势。概而言之，在工业经济时代，强调专业分工，但进入数字时代，真正的创新来自专业交叉地带，来自融合。在管理的实践中更是如此。

使命与行动之间相互融合，快速迭代。这不像工业经济时代，使命决定战略，战略规划的时间很长，三年、五年，甚至十年、二十年，进入数字时代就不是这样了，使命、战略和行动之间必须快速迭代，不断验证和优化，只要方向大致正确即可，真正的战略是走出来的、快速迭代出来，有设计、规划的"影子"，但是在实践中走出一个"战略模样"。正是从这个角度来说，战略不是设计出来，战略是逼出来的，甚至是打出来的。

决策与执行的融合。在泰勒的科学管理时代，由于当时工人的文化程度不高，素质普遍不高，比较"愚笨""木讷"，他们的工作就是谋生，讨一口饭吃，这样自然是精英们决策、工人们执行，管理上讲决策与执行分离，这在当时的背景下似乎也没有什么大毛病。工业时代，其实从本质上就是一个廉价的时代，通过工业化大规模的生产，通过薄利多销的商业模式，"旧时王谢堂前燕，飞入寻常百姓家"，原来只有达官贵族才能消费得起的物品，进入普通老百姓的生活中。但进入数字时代，信息是创造价值的重要要素，环境具有高度不确定性，决策与执行必须相互融合，决策之中必须考虑执行，执行之中必须迭代决策。决策和执行几乎同时进行。

研究与开发之间相互融合。现在进入软件定义产品时代，研究与开发之间也开始融合了，谷歌公司采取罗马军团的组织形式，其实也是应对研究与开发之间融合的趋势。研究和开发之间的时间间隔比较短，甚至可以说研发和开发必须同时进行，最好同一拨人进行，这样也避免信息传递所造成的巨大成本和"鸿沟"。

行业、专业之间相互跨界、相互融合日趋明显。一些地方往往是创新的高地，在这个行业司空见惯的技术，应用到另外一个行业好像"如有神助"。人才现在也讲跨界融合了，一个行业的人才加入另外一个行业犹如"降维打击"。比如，中国制造业经过这么多年的发展，整体水平还是提高了，在一个低毛利的制造业如果能盈利的话，那管理水平肯定高，这种人才如果到需要通过管理来获得效益的行业肯定有用武之地。

数字时代，融合与迭代应该算一个"底层的思考逻辑"吧！

四、成人达己

什么样的价值观是元价值观？就是其他价值观都去掉，只留这一个。这个元价值观就是成人达己。

成就别人是数字时代一个非常重要的组织原则，企业作为一个平台，其作用日趋突出，员工个人作用的发挥必须借助平台，没有平台的支持，员工个人的作用就会大打折扣。成就客户是根本，一个企业必须为客户创造价值，成就客户，客户"爽了"，企业就"赢了"。从本质上，企业为员工个人提供平台去成就客户，员工个人因此也成就了自己。其实合作伙伴也是如此，一个企业必须成就合作伙伴，尤其现在讲生态战略，生态的本质是"让别人占你便宜"，只有放下自己，才能获得整个"世界"。

> 成就别人是数字时代一个非常重要的组织原则。

在这个瞬息万变的时代，企业家必须想通透，你创造一家企业，打造一个平台，只有先成就别人，最后才能成就自己，一定先人后己。这种想法是"逆人性"的，先"利他"，后"利己"，需要企业家本人不断修炼，约束自己、超越自己，这是一个修炼和实践的过程。企业家本人的境界和格局突破不是一蹴而就，也是需要通过实践来不断磨炼的。一旦想明白，不纠结了，你的事业就能取得突破。

五、机制先于管理

先用机制，后用管理；多用机制，少用管理。这是笔者多年来服务一些优秀企业的心得体会。

在一些员工人数规模达到了三四百人、营收两三亿元的企业，笔者发现一个较为普遍的现象，这些企业老板开始大谈管理，要么高薪从知名的大企业挖来管理高手来制订流程、制度，要么聘请管理咨询顾问来梳理制度和流程……但他们很快发现公司发展慢下来了，好像得了"大企业病"，流程变慢了，会议变多了，部门墙竖起来了，越抓管理，效率越低，真令人困惑！究其原因，可能是管理做得太过了。管理必须匹配经营，经营处于什么状态就需要什么样的管理与之对应，一般来说，经营"拖着"管理走。管理本身是需要成本的，这个成本还不低，所以必须时时检讨管理为"打粮食、增加土壤肥力"作了什么贡献。其实人数规模在几百人之内的企业，管理的作用没有想象那么大。相反机制的效用比较大。其运行成本比较低，管理容易造成领导与"一群聪明人"之间的"博弈""对抗"，这是严重的"内卷"；你防着他，他也考虑着怎么"对付"你，这真是"相互折磨"。机制重在设计，把员工激活，把"要我干"变成"我要干"。机制把大家的努力方向引导到市场中去，争夺市场，争夺客户。尽量让组织中的个人直接感受到无阻碍的市场压力。

很多人会问什么是机制？机制最重要的内涵就是：凭什么获取报酬，凭什么分配资源。机制设计是一个技术活，但机制的运行成本比较低。其实机制也是在实践中不断迭代的。

大家经常提到这样一个理念，把大企业做小。这个做小不是把大企业分拆成小企业，而是通过机制设计，使得大企业保持灵活性、不僵化。广义的机制，包括组织架构的调整、体制的调整（责权利的调整）。

当然了，员工人数规模达到数千计以上，业务复杂了，这时候才需要一些管理手段、工具以及系统了。

六、设计思维

设计思维在管理中的应用实际上是一种广义上的"设计"。可以理解成愿景驱动、目标牵引、以终为始。先要确定一个愿景，想成为一家什么样的企业，或树立一个远大的目标，为了实现这个目标，我们现在需要做什么。这就是"向前看，往回推"。

这种思维方式在当今高度不确定的时代，尤为重要。过去的变化不快，是一种线性变化，即使犯了错误，还有机会。现在变化非常快，需要高举高打，需要顶层设计，并在此基础上不断迭代。企业发展要靠设计与行动快速迭代。无论是创办一个企业、完成一项任务还是实现一个目标，必须以终为始倒推，并且不断修正和迭代。

数字时代的到来，软件的重要性越来越大，硬件软件一体化，软件定义产品，更是要强调设计思维，先有设计后有迭代。其实产品创新中也有一种设计思维，比如苹果手机就是设计思维的杰出产物，苹果手机是利用原来存在的事物集成设计出的一个伟大产品，开创了一个新世界。对于开创性的产品，你想通过询问顾客来调研市场，恐怕是徒劳的。因为顾客其实并不知道想要什么，但你做出来以后他就知道喜不喜欢了。

数字时代，管理思维中多一些设计思维，也就是成果导向，为成果而管理，以终为始。

七、抓主要矛盾和矛盾的主要方面

一个管理者的关键能力是什么？抓主要矛盾和矛盾的主要方面。

管理者所面临的问题往往是千头万绪，并且一般是其下属解决不了或难以决断的事情。解决这些下属搞不定的事情是要耗费精力的，现实中管理者的精力容易被这些问题牵着走，同时需要参加的各种会议又把管理者的时间消耗掉一大部分。很多时候，紧急的事情一般不重要，重要的事情一般不紧急。管理者所面临的真实场景就是被这些错综复杂的问题包围着，并且时间和精力不够用。优秀管理者所必备的能力就是抓主要矛盾和矛盾的主要方面，透过纷繁复杂的表象抓住事物本质，否则，事倍功半，自己累得半死，管理的效果还不一定好。针对同样的问题，大家的看法很少是一致的，因为大家从不同层面、不同角度看待问题，只看到一个事物的局部。问题一般都是"丛生"的，但它们相互之间是有逻辑的，必须找到真正的问题是什么。正确界定问题，是解决问题的关键，也就是抓住关键问题是根本，这个主要矛盾和矛盾的主要方面解决了，其他问题便迎刃而解。

实际上企业每个阶段都面临少数几个关键问题，如何识别并抓住这些关键问题，抓主要矛盾和矛盾的主要方面才最关键。有些问题根本就不是问题，随着企业的成长会自动消失或变得不重要。好比，出生几个月的小孩尿床就不是问题，但到了成人之后，如果还尿床就是问题了。笔者经常与老板开玩笑说，你们企业的问题基本上都是"成长的烦恼"，问题都是与理想的目标之间的差距，但抓住每个阶段的主要问题即可，一定要抓关键，一个企业只有"死了"，才没有问题。

> 问题一般都是"丛生"的，但它们相互之间是有逻辑的，必须找到真正的问题是什么。

概括下来，管理者面临的主要矛盾有两组。

第一，短期与长期矛盾。短期必须活下来，长期求成长，健康地成长，不能因为短期利益而损害长期利益。有关公司长期利益的事情必须持之以恒地去做，公司资源少的时候有少的做法，资源多的时候有多的做法。关键是日子好过的时候，要想到日子不好过的时候。不该摆阔的，坚决不摆阔；需要投入的，勒紧裤腰带也要投入，只有这样经年累月的坚持，才能做出一个真正有未来的大企业。

第二，局部与整体。局部利益服从整体利益。某个局部最优，整个系统不一定最优。换到具体的企业场景中，处理好个人与团队、部门与企业之间的关系，以企业的整体利益为大。一个人的层次越高，他所考虑的整体利益也就越多，这就是所谓的大局观。

华为的高级管理顾问黄卫伟老师最近写了一本书叫《管理政策》，在这本书里，黄老师系统地阐述了企业发展过程中所面临的十三大矛盾，最终企业基业长青也是一个否定之否定的过程。一个企业从本质上讲，确实是一个矛盾体，相互制约。通过这本著作可以得出一个结论，体现管理最高水平的就是驾驭矛盾。如何驾驭这些矛盾呢？离不开抓主要矛盾和矛盾的主要方面。通过时间或空间来驾驭矛盾，比如，这个阶段主要矛盾和矛盾的主要方面是什么？或者在同一个层面，矛盾是无法调和，但在上了一个层次之后，就能找到解决办法，两个矛盾之间是可以妥协的，可以有灰度的。

注意，这种妥协不是"和稀泥""各打五十大板"，而是有利于企业长期健康发展的管理思维。

八、赋能与激发

赋能的反面就是控制。工业经济时代，是个相对确定的年代，管理主要就是控制，重点是纠偏，使企业回到正常的轨道中来。因为你的所作所为我替你设计好了，只要按此执行肯定就能把事情做正确。

数字时代，新事物、新情况层出不穷，过去经验的作用会降低，老革命遇到新问题是个常态。尤其知识越来越重要，成为提升生产力的主要驱动因素，隐性知识更是成为核心竞争力。正确决策及其执行效果，比的就是谁想得明白、谁做得到位。这就是思考密度、行动密度，这是个"费脑子"的活。

知识装在脑子里，脑子是跟着自己的主人走的。用人不仅是用人的双手，更重要的是用人的大脑，必须赋能于人，激发人的主动性和创造性，激发其责任意识和担当精神。因为任何人，无论他有多大权力和威望，也代替不了别人的脑子，至于做事过不过脑子，是不是为了"革命事业""殚精竭虑"，那是他自己掌握的。把知识分子有效地组织起来关键在于其心、其脑，在于如何"心相连""脑共用"。

21 世纪的管理精髓主要就是赋能，赋能从本质上讲是给予知识、信息，武装他们的头脑，然后通过文化和机制激发他们，让他们成为自觉的战士，导向冲锋，导向奋斗，自我驱动，自我发展。

九、为熵减而战

熵是一个物理概念，被华为的任正非用于管理当中，变成一个"热词"。熵在物理上的理解：对于孤立系统，系统的熵只能向着熵增加的方向运动。这就是著名的熵增原理。孤立系统在没有外部能量参与的情况下，最终会达到平衡，进入停滞状态，如同"死亡"。

任正非认为："第一，热力学讲不开放就要死亡，因为封闭系统内部的热量一定是从高温流到低温，水一定从高处流到低处，如果这个系统封闭起来，没有任何外在力量，就不可能重新产生温差，也没有风。第二，水流到低处不能再回流，那是零降雨量，那么这个世界全部是超级沙漠，最后就会死亡，这就是热力学提到的'熵死'。"

企业发展过程中有一股天然的力量导致熵增，比如，组织规模变大以后，就会远离市场压力，偏离"以客户为中心"的根本，形式主义、流程僵化、山头主义、本位主义就会滋生。员工懈怠、腐败、奋斗激情衰竭、个人利益凌驾组织利益之上，业务上不聚焦、盲目多元化，在非战略机会点浪费资源，等等，这些表现都是熵增。

企业要想战胜熵增，必须把自己变得更加开放合作，让新的能量、"新鲜空气"流到企业中，大胆使用五湖四海的人，坚持利他主义，坚持合作共赢。把自己的优势耗散掉，形成新的势能，厚积薄发，培育自己的"硬实力"。比如，你的企业效益不错，每年的利润比较好，其实这不是件好事情，必须把利润耗散掉，这并非指要直接分掉利润，而是把这些利润投向未来，形成新的硬实力。

必须为未来成长做长期持续不断的投资，"深淘滩，低作堰"。把大家对组织的忠诚、热爱耗散掉，用纪律约束他们，导向上战场打胜仗，导向长期艰苦奋斗。

十、不断变革

任何时候，企业的决策层必须清醒，实事求是，既要看到危中有机，又要看到被繁荣掩盖下的风险。变革是企业成长过程中永恒的主题，天晴的时候修屋顶。企业发展的上升期，是实施变革的最佳窗口期。

过去我们重点强调内在的统一性，正确地做事，效率制胜，

> 变革是企业成长过程中永恒的主题，天晴的时候修屋顶。

但随着不确定时代的到来，企业的适应性变得非常重要，企业的变革更多是通过内部变革以适应环境的变化，以内部的确定性来应对外部的不确定性。变革本身也要纳入管理状态。

相对确定性业务，讲究统一作战听指挥，保持价值观统一。相对不确定性业务，统一于使命愿景，通过使命愿景与行动之间的快速迭代，让变革始终指向"打粮食、增加土壤肥力"。

企业需要有"文化备胎"，企业真正讲"和而不同，同而不继"，内部要有"辩驳机制"，要有纠偏机制，要有红、蓝军对抗机制，让不同意见有发声的地方，一定要让核心决策层听到不同意见，哪怕这个建议"很刺耳"，只要对事不对人，有理有据即可。企业需要不断"折腾"，尤其中间层，安逸太久了就会懈怠。团结、紧张、严肃、活泼，是最好的组织原则。相反相成，这样的组织才有张力，才有战斗力。

21世纪，变革必须纳入管理中，成功发动和领导变革是干部领导力的关键要求。

传承

CHINA STONE ▶▶

"不要把我看成神，我做的也只是一点一点地解决问题。每年解决一点，到最后结果一定不会很差。"

——褚时健

褚橙：种出好橙子才有继承权

■ 作者 | 刘国华 王祥伍

褚橙的新掌门

家族企业传承问题，一直是很多民营企业的老大难问题。褚橙走向哪里？继承问题也早就困扰着老两口。

2012 年底，马上就 85 岁高龄的褚时健深感体力不支，继承人的问题不得不提上议事日程。如果按照一般家族企业的做法，褚一斌作为老两口的独子，自然会获得继承权。但褚时健并不这么认为，他希望"褚橙"这个品牌能在一个业务能力突出的继承人身上继续发扬光大，因此决定在家族内部实行"赛马"机制。除了独子褚一斌，还有大孙女褚楚、外孙女任书逸，甚至夫人马静芬都有资格替他执掌褚橙。

褚时健对继承人的一项重要考核，就是要看看这个人是否能再选一块地，独立种出好橙子。而且，新选的这块地还不能在种褚橙的这块地上，必须另外寻找其他地方。

2012 年底，身在新加坡的褚一斌接到父亲的电话，"命令"的意味很明显：回来种橙子。2013 年，褚一斌安排好新加坡的一切事情之后，决心回归接受父亲的考验，从果树种植、修剪、施肥、浇灌等工序学起，一点点深入。

儿子褚一斌先后选择了镇沅和龙陵基地，大孙女褚楚选择了平田基地；外孙女任书逸选择了漠沙基地，老伴马静芬选择了磨皮基地，只是马静芬更多的是从扶贫角度去开发这块基地。不过，这几块基地离新平老基地都不算太远，1 小时左右的车程，且都在新平县。对于家族内部新开辟的这些"战场"，褚时健在资金、技术、人才方面都给予了一定的支持，还特别派了自己的得力干将之一刘洪去协助大孙女褚楚。但是对于儿子，褚时健却要"无情"得多，"既不给钱，也不给人"，甚至有人想去褚一斌的基地，都被拦了下来（见图1）。

图1　家族"赛马"基地位置图

"我不想自己的基地跟老爷子的基地挨得太近。"为了摆脱父亲的光环，褚一斌在2013年11月来到了离新平老基地3个多小时车程的镇沅县那洛村，准备开辟他的一番事业。镇沅县不属于玉溪市，而是玉溪市往南的普洱市的一个少数民族自治县。

褚一斌在城里长大，后来又长期在国外生活，对于农村的人和事都不适应。但为了高质量完成父亲的考题，他不得不拼命下功夫。褚一斌回忆在那洛村第一个晚上的情形时说道："村主任把会计的床让给我。躺下去的时候，我问自己能不能坚持下来？能不能以一个农民的身份重新出发？"

在那洛村，褚一斌和自己的新团队开发了一块3亩多的实验田，同时把老基地的300多棵橙树树桩一并移植到那里，想要看看当地适不适合冰糖橙的生长。但天不遂人愿，各种数据都表明这块土地并不是种橙子的"伊甸园"，褚一斌面临第一次选址失败的窘况。农科院一位姓罗的老专家告诉褚一斌："这个地方不是不可以种橙子，但是要种出哀牢山那种品质的橙子是不可能的。哀牢山又干又热，只要能保证灌溉用水，品质自然就上去了。但镇沅不一样，这里热量够，但干燥度不够，光照度也不足。生长期温度够，果实成熟期光照度不够，所以无论怎么种都种不出哀牢山那种品质的橙子。"

再熬下去已经没有意义，需要赶紧找到一块各种条件都能媲美新平老基地的地方。褚一斌独自开着车沿着附近的每一条江去找新地方。澜沧江上下游、怒江上下游、金沙江上下游都跑过。为何要沿着江找？因为冰糖橙对降水量有特殊的要求，年降水量的控制点大概为900毫米，而且在入秋后果实开始成熟前约两个月的时间内又不能有太多降雨，这样的气候种出来的冰糖橙才是最好的。而沿江区域基本上都满足这个要求。

"山重水复疑无路，柳暗花明又一村。"正当褚一斌一筹莫展的时候，又是那位农科院的罗老专家告诉他："保山市龙陵有个矿，矿老板为了让自己的工人有地方休息便建了一个柚子园。他们不懂修剪，不懂施肥，就请我们团队过去交流做示范。那个时候我就注意到，龙陵这一块地很有发展前途，你可以去看看。"

这让褚一斌再次燃起了希望之火，不日便驱车来到龙陵。果不其然，那里的自然条件比镇沅县优越得多。"这跟镇沅相比，简直是一个天上，一个地下。"提到当时的情境，褚一斌至今还难掩内心的激动。

褚一斌说的这块地，位于保山市龙陵县东南部的勐糯镇，该镇境内主要河流有怒江、勐糯河、蛮岗河、闷寨河等。这里的气候属热带季风气候，昼夜温差明显，干湿季分明，适宜多种农作物生长。褚时健到龙陵基地看了后，对儿子说："别的不说，你看其他植物的长势就知道这块地种橙子问题不大。"

2014年10月，褚一斌毅然决定转战龙陵。

褚一斌在龙陵基地折腾的这几年里，父亲褚时健对他一直持观望的心态，偶尔会表达出不相信的态度。2016 年之后，褚时健慢慢看到了儿子的努力和所取得的成绩，但又不想直接表达对儿子的认可。有时候，他会通过跟马静芬的对话来间接传递信息，比如他会对马静芬说："看起来，你对儿子的判断比我准。"褚时健跟马静芬讲这个话的意思，家里人都懂。马静芬转身开心地跟儿子说："你看看，老爷子对你的理解又进了一步，开始认可你了。"

2017 年底，龙陵基地到了"交卷"的时刻，这意味着近五年的考察期告一段落。有一天，褚一斌偷偷给家里送了一箱橙子，也没说是哪里产的。老爷子一吃，觉得非常不错，连吃了三个，然后问家里人这是哪里来的。褚一斌这才说，这是龙陵基地产的。褚时健脸上露出了难得的笑容，他知道儿子经受住了考验，可以放心地把位子交给他了。

2018 年 9 月，新公司"云南褚氏农业有限公司"（简称褚氏农业）成立，90 岁高龄的褚时健任董事长一职，褚一斌牵头组建公司并任总经理，开始整合几个基地的业务。2018 年 10 月，褚时健参加当年的褚橙销售启动仪式，这是他生前参加的最后一次销售会议。这意味着，褚时健正式将事业交给儿子褚一斌负责，褚氏父子实现圆满交接。

图 2　褚时健生前参加的最后一次销售会议

大道至拙

如果简单总结一下褚氏父子两代对做好产品的心得，大约"守拙"二字会是核心关键词。

对褚时健而言，做产品就要老老实实做，往精里做。王石说，这就是中国传统的"工匠精神"。褚时健没什么其他兴趣爱好，不喝酒，不打麻将，有时候会看看《新闻联播》。

在褚时健的一生中，无论是在酒厂、糖厂、卷烟厂，还是种橙子，认真做产品这一点在不同阶段都一以贯之。早在玉溪卷烟厂时，即使是出国考察，褚时健也坚持两点：一不带所谓的行政领导，一同前往的大都是工厂的技术人员和车间主任；二是在考察期间都是在预约的工厂里待着，从来不出去游玩。

在哀牢山种橙子的头几年，褚时健为了解决橙子品质不高、口感不一、病虫害等问题，几乎每周都从玉溪市内跑去山里几次，每次坐车跑一个多小时的山路，然后一头钻进地里和作业长、农民们现场解决问题（见图3）。不管是在玉溪市内的家里，还是在褚橙庄园、住处的床头桌上，全部是关于种植柑橘的书，每天晚上他都是伴着书入睡的。万籁俱寂的褚橙庄园深夜，大约只有褚时健翻书的声音才是打破夜间宁静的唯一声音。基地

图3　褚时健与员工们交流

的农民在教育自己的子女时会经常说："你看褚老爷子这么晚了还在看书，你们还有什么理由不看书？"

作为最早的几个作业长之一，郭海东回忆说："当时老爷子已经80多岁了，跟着我们到田里去看橙子，回来后就在黑板上算肥料比例，分析到底哪里出了问题。他就说我们的肥料一定出了问题，必须对氮磷钾的比例进行试验、调整。"

尽管从未学过橙子种植技术，但是褚时健仅用了两三年，其技术就超过了种植十几年的专业户。他在种植橙树的过程中，不断突破传统，不断创新：改变肥料比例，改变果树传统的间距，独创一年四季均剪枝和控梢的方法以及行业内目前最有效的黄龙病防治技术，等等。

常人或许很难想象，为了让褚橙的甜酸比例更适合中国人口味，褚时健亲自用鸡粪、烟末、甘蔗糖泥等调配肥料；他甚至每次去果园，都要跟果树说话……褚时健被拜访者问得最多的问题是："为何我们的事情总是做不成，而您却可以做什么成什么？"褚时健往往会告诉他们："不要把我看成神，我做的也只是一点一点地解决问题。每年解决一点，到最后结果一定不会很差。"褚时健的成功与传奇，在他看来只是"守拙"的结果。

褚时健如此，褚一斌也是如此。

如果你在褚橙庄园见到一位常年穿着白色T恤、皮肤黝黑的"老农民"，有很大概率就是褚一斌。长年累月扎在果园里，他已经完全忘记了之前在金融圈那套精致的打扮，往往是怎么干活方便怎么来。

褚一斌常说，农业产品和工业产品最大的不同之一，就是农产品的周期长。因此要守得住时间，不可能今天投入一个资源，明天就出来一个结果。今天种下的橙树，少则三年，多则五六年才能挂果。橙树种植是一个漫长的工程，每年果园管理的周期也很长，从开花到最终收获果实，约270天。在没有果实的冬季依然要堆肥，不能停歇，这是件苦差事。

一个新种植的果园，早期果子品质一般都不会太好，真正品质高的果子要耐心等待。龙陵基地种的橙树到 2022 年已经有 8 年，但果子的品质依然没有达到褚一斌理想中的水平，还得继续等。这种长时间的等待，不是那些急于求成的企业和创业者能够做到的。

而且，种植业纠错的等待时间也长，这一点也让很多人望而却步。如果是工业品，一般品质出了什么问题，通过做试验或者统计分析，通常很快就能找到原因。一旦找到原因，马上就可以进行调整，对生产的改进非常迅速。

但是，农业产品的品质问题就很难这样快速解决。比如想看到不同配方的肥料对水果口感或产量的影响，至少得等一年。再比如想知道不同的剪枝方式对水果产量及其稳定性的影响，就得同时进行足够多的对比试验，可能要试验很多年。假如效果没有达到预期，还得再进行新的试验，又得等待很长时间。

> "守拙"不仅要给受得住时间的考验，还要做事精细，从细节处入手。

长周期问题几乎就是农业产品品质提升道路上最大的阻碍。没有足够的毅力与理性，就无法面对和解决这个问题。为了解决长周期纠错的问题，褚一斌采取的办法就是让大家在基地分区做试验。他们在基地划分了不同的试验区，一旦某个试验区试验成功，就再扩大一点范围，一层层递进，避免因冒进而给整个果园带来风险。

我们今天吃到的品质高且稳定的褚橙，是褚橙人用 20 年时间和两代人心血培育的结果。因此在水果行业内，尤其是在橙类种植者中，褚橙也是经常被提及的名词，且提及时多数都充满敬佩。

"守拙"不仅要受得住时间，还要做事精细，从细节处入手。

褚一斌给我们举了一个例子，说他办公室煮茶的茶具，从 200 元到 2000 元的，甚至更贵的都用过，但是使用时间都不长。为什么会坏？其实不是那些大件出了问题，而是一些结合点、接口处没有处理好，恰恰是这些地方才能真正体现专业化精神。

对专业主义的坚持，对匠人精神的坚持，一直是立业之本。只不过，在尚未成熟的市场，或是受利益驱动，或是被人情左右，我们忘了初心，失了本真。

从一个人的橙，到一群人的橙

2020 年正月初九，褚一斌把全体管理层叫到褚橙庄园，召开了五年战略会议。这次会议的一个重要议题，就是讨论如何让褚橙在未来走得更稳、更好。正是在这次会议上，褚一斌提出了"一群人的橙"的概念。

至于为什么提出这个概念，褚一斌解释道："以前为什么叫'一个人的橙'？一个老英雄，他有历史沉淀，有智慧、能力，我们不用想，跟着他干就行了。今天，我们说'一群人的橙'，是要大家共同努力，一起分享，把他留下的事业继续向前推进。"

但这背后的真实原因，可能远非褚一斌说的这么简单。

从 2018 年名义上接班，到 2019 年褚老过世后正式全盘接手，这两年可以说是褚一斌从新加坡回国以来最为疲惫和焦虑的一段时间。褚一斌的焦虑，很大一部分来自父亲过世之后的无力感。

以前褚时健在世时，曾跟褚一斌说："只要我还在，褚橙就不会出什么问题。"事实也的确如此，老爷子就如定海神针，稳定祥和，一切都在掌控之中。但是老爷子过世之后，所有的人和事都向自己涌来，褚一斌第一次感受到了自己暂时还无法完全掌控父亲留下的这个企业。

接手第一年，褚一斌可以说是手忙脚乱、精疲力竭，最大的问题来自选果厂。面对社会上的各种质疑和分家后的企业部分职能缺失，褚一斌决心在 2019 年建立新的选果厂，4 月开始找厂房和做设计，10 月上旬试机，11 月正式投入运营。这场硬仗效率之高，让褚一斌看到了团队的力量。也是从这时起，"一群人的橙"的理念在他心里进一步扎根。褚一斌说："我毕竟不是我的父亲，他能创造的我可能创造不了，但依靠大家的力量，我相信行！"

褚一斌经常跟我打一个比方，说他自己就是能装 20 升水的桶，而他父亲能装 200 升，凭他一个人的实力绝对无法超越他父亲，他只能在自己这个桶子基础上，再添加 19 个乃至更多的桶，通过一群人去达到他父亲的高度。事实上，早在 2015 年他就计划发起一个在全国"寻找 99 个褚时健"的活动，这可以说是他提出"一群人的橙"的起点。

褚一斌以前很喜欢海钓，他在开始全面接手褚橙的那段时间总是做噩梦，梦见自己在船上海钓，周边的海水都向自己涌来，顷刻间就将自己淹没在无边的海水之中。

褚一斌意识中的"海水"，一部分来自老爷子留下的核心骨干。褚一斌开玩笑说："师兄们看着小师弟在指挥他们，'藩镇'意识就上来了，不服管。"当时褚一斌就想，既然如此，那我们就一起来管理好褚橙，把褚橙做得更好。

我问褚一斌："让师兄们一起来带领褚橙，是不是意味着你的一种屈服？"褚一斌一笑："并不是屈服，而是在乎。褚橙的确需要一群有经验、有能力，而且愿意沉下心来扎在果园里的人！"

褚一斌深刻认识到，人是褚氏农业未来发展的基石。

要想把褚氏农业做强做大，需要一群聪明人去做笨的事情。但是让聪明人去"守拙"，却是一件难度极大的事情。"我觉得中国人是最聪明的，但在商业上又最容易形成羊群效应。看到什么行业最挣钱、工作条件最好，聪明的人就一窝蜂地往这个方向去。不管是在云南的种植企业中，还是在全国的种植企业中，我们应该都算是头部企业吧，但是你要让一些学历高的、聪明的人来这里工作，还是很难打动他们。大家都爱吃褚橙，却不爱种褚橙。这是我们今天和未来都要面临的人力资源难题。"褚一斌说。

要使褚氏农业得到更快的发展，就必须有一群人安心留在地里，让褚氏农业对他们有足够的吸引力。在这种思路下，褚一斌委托第三方咨询机构设计了员工股权激励计划。2020年5月，股权激励的第一轮方案出炉。褚一斌明白，未来五年的发展规划，要仰仗一群人来执行。索性在褚橙庄园开放讨论褚氏农业的股权激励方案，大家一起修改。

褚一斌跟大家解释未来褚橙要在共享的基础上实现股份制改革，但是这个想法一开始就遭到了核心技术骨干的反对。他们20年前就跟着老爷子在地里种橙树，他们明确的诉求就是"不要股权，要钱"。

为了鼓励大家参与到股份制改革中来，褚一斌提出让公司内部员工以4折的价格认购股权。某投资机构的负责人私下跟褚一斌说，给内部员工打对折就足够了，但是褚一斌还是坚持让员工获得更多的利益。尽管如此，大部分员工还是不为所动。

为了让"一群人的橙"得到更好的体现，褚一斌认为未来褚橙需要上市。不过对于上市的时间，褚一斌并不着急，他觉得还是要先把事情做好。不管是"一个人的橙"，还是"一群人的橙"，其实都是指向一个好产品，都是要把褚氏农业的事业发展壮大。

褚一斌说："我们永远做水到渠成、顺势而为的事，不要逆势去推动。"他之前在金融圈看惯了那些急于跑路、急于套现的上市套路。如果有一天褚氏农业上市了，核心目标一定是为了让更多的人支持褚氏农业的发展。即使要引入投资，褚一斌认为也是引入战略性投资，陪伴褚氏农业一起成长。

在这个意义上，"一群人的橙"关乎的不仅是内部的一群人，还有与褚氏农业共同打造好产品的同伴，从内到外，包括了经销商、媒体、消费者等，是一种广义的生态融合概念。通过共同奋斗，共同奉献，共同成就。褚一斌的"一群人的橙"的概念，体现了褚氏农业的利益共享模式，既共同成就一个好的产品，也各自成就自己。

为了真正实现这种利益共享，褚一斌觉得最重要的就是做透明化的公司，让大家尽可能都看得懂公司在做什么，未来要做什么。让大家在产业中得到成长，让每个人都能获得理想的收益，同时能够获得自我认同和社会认同，让农业从业者"兜里有钱、脸上有光"，这对于做"一群人的橙"很重要。🔲

注：本文节选自《品牌原力：褚橙 20 年方法论》。

家族与企业共同进化

■ 作者 | 曹慰德

> **编 前**
>
> 　　曹慰德是万邦泛亚集团主席，音昱创始人。他是历经四代、传承百年的家族企业的掌舵者，20 岁就加入了公司，1995 年，37 岁的曹慰德正式接手万邦泛亚集团（以下简称万邦集团）主席一职。在他的领导下，万邦集团从一家传统的航运企业发展成一家业务遍布 17 个国家，集供应链、生活方式、投资和社区发展等多元业务为一体的公司。音昱是一个帮助人们找到清晰目标、和谐、新意识觉悟和自由的学习平台。1995 年，曹慰德创建了东西方文化研究与发展中心，在 2016 年又升级为意澄学院，旨在培养 21 世纪的新组织和领导人。作为国际家族企业协会亚太分会的创始人和董事长，曹慰德也致力于发挥家族企业在全球经济中的重要性及企业在社会中的作用。在他与凯斯西储大学组织行为学教授克里斯·拉兹洛合著的《量子领导力：商业新意识》一书中，他主要讲述了自己在成长过程、家族传承，以及领导企业的过程中是如何同时受到了东方哲学和西方科学的共同启发，从而对商业及组织进化有了全新的认识。我们节选、整合了曹慰德关于家族传承和组织进化的部分的一些思考，这可能会启发中国民营企业，如何从更宽阔的视角审视家业传承难题。

继承

20 世纪 90 年代初，我花了越来越多的时间在香港帮助父亲重组家族的核心航运业务，研究如何通过与别人合并资产、改善物流供应链来实现规模经济。我被任命为总裁，类似于联席 CEO 的角色，与父亲共同承担责任。我的工作是根据亚洲的经济爆发增长态势对公司的业务进行重组和转型，把万邦集团打造成一个差异化的航运企业。我们增加了更多的定制船舶业务，包括增加自卸船、化学品（货）邮轮等专业化船舶。这种从传统家族企业向更专业的管理机构的转变，使我们能够在几年后真正开展业务时在亚洲进行扩张。

父子俩共同领导公司往往是一种挑战，事实证明也是如此。我记得与父亲共进晚餐时，我谈到了作为联席 CEO 管理公司是多么困难。"两双筷子在同一个碗里吃饭是个大问题"，我说："最重要的是，尽管我是'右撇子'，你还是要求我用左手吃饭。"

对话持续了好几年，始终没有明确的解决办法。在此期间，公司总部迁往新加坡，同时我们继续重组航运业务和扩大船队。有一次，我对父亲说："这真的运行得不够好。"不管是我那已经成为著名建筑师的哥哥，还是我的姐姐，都没有兴趣管理家族企业。因此，我向父亲提出了一个建议：既然不希望在兄弟姐妹之间分割家族企业，而有些人又不参与企业的管理，那么最好把他原本打算留给我的遗产先给我。这样，我就可以用这些积累的资本以及一些必要的财务杠杆，来收购剩下的业务。我们终于在 1994 年年底达成协议，从 1995 年 1 月 1 日起，我成为家族企业的第四代掌门人。

当时外界有很多关于开放亚洲市场和中国崛起为全球经济强国的讨论。我与家人和同事研究了万邦集团发展为全球性企业的意义。我们开始思考这样一项事业的意义以及如何利用东西方的智慧和资源寻找自己的特性与可持续发展。

万邦集团的起源

要完全理解我关于可持续发展业务的想法及其对社会的影响，你有必要看看我继承的产业。我们家族的每一代人都扩张和塑造了我们的企业，并使其在特定的时代蓬勃发展。但我们的创始人——我的曾祖父的三大价值观始终贯穿于每个时代：诚信、勤奋和谨慎。

我的曾祖父曹华章是 20 世纪初上海的一名舢板船夫。一天，一个喝醉酒的船长在他的船上落下了一个装满现金和文件的袋子，我的曾祖父完全可以留着它。对一个可怜的船夫来说，这将是一笔可观的财富。然而事实却相反，他选择去找船长，但船长的船已经开了。几个月后，当船回来的时候，我的曾祖父带着原封未动的袋子以及里面的东西去等那位船长。这些文件里面有很多都是提货单和仓库里货物的存证。船长是个西方人，他对我曾祖父的诚信印象深刻，并给了他一大笔奖金——我曾祖父用这笔钱做起了自己的码头运输生意。于是我们的家族企业就这样诞生了。

> 曹氏家族企业的故事是一个不断迎接周围世界挑战的故事，在适应社会不断变化的需求的同时，保持其三大企业价值观的一致性。

经过连续几代人的奋斗，虽然困难重重，但公司的业务呈指数级增长。在我祖父曹隐云和父亲曹文锦的领导下，在两次世界大战期间，伴随着旧王朝的衰落、中华人民共和国成立及转变为当今更市场化的社会主义特色国家，公司扩展了航运和房地产业务。随着曹氏家族的扩张，我们从中国移居到世界各地——我的祖父去世时已成为巴西公民。我出生的时候，公司的总部已经从上海迁移到了香港。

曹氏家族企业的故事是一个不断迎接周围世界挑战的故事，在适应社会不断变化的需求的同时，保持其三大企业价值观的一致性。其中，谨慎是关键。这避免了家族卷入 20 世纪的动荡事件，现在仍然在继续指导着我们。从统计数据看，家族企业往往会在第三代人的任期内失败，我们反而是持续地繁荣起来了。万邦集团在香港和新加坡证券交易所上市，但在 2002 年，我决定将公司私有化，让家族企业只对我们自己负责，它就能拥有更多的自由，在创意和想象力的推动下不断发展。

我作为公司掌舵人的那些年

在我接手后的几年里，万邦集团已经从一家区域性航运公司发展成为一家以服务为本的综合性跨国解决方案供应商——成为一家跨越多个地域市场、规模达数十亿美元的复杂企业。20 世纪 90 年代中期，中国的工业发展意味着对原材料的需求增加，一度导致将这些原材料运往中国的货运能力严重不足。但市场天生具有周期性，在市场最繁荣的 2005—2007 年，当所有船舶的价值都被极度高估时，我敦促我的经理们卖出了一些船舶。当时遭到了激烈的反对："为什么在市场如此兴盛的时候卖出？"虽然在市场繁荣的时期很难预测它的低迷，但正是在旺季抛售了船舶，才让我们在市场降温后得以扩张。

在过去的二十年里，我们继续多元化投资组合并增加新的风险投资，从设备和港口到海洋离岸工程服务。我们改变了业务模式，从船主变成了跨多产业链的解决方案提供商。其核心背景是中国作为一个贸易大国的崛起，及其拥有 10 多亿人口的市场日益增长的需求。中国奇迹迫使航运业以前所未有的方式进行变革。

我回避投机、暴利等交易，专注于公司的长期可持续发展。尽管有些人反对，但近年来，我通过创建音昱（Octave），将业务拓展到核心业务和房地产活动之外。音昱是一个提升人类福祉与健康的业务，与量子领导力的思维保持一致。

今天万邦集团的业务是专注于进化和创造的，这是我个人经历的反映。万邦集团将继续奉行包容的经营理念，为所有利益相关者在这个竞争残酷的世界创造价值。我相信，正是这种理念使得万邦集团能够超越那些不计社会和环境代价追求短期利益的公司，我们的焦点是可持续的蓬勃发展。

《曹氏家族遗产宪章》

在逐步完善万邦集团可持续发展模式的过程中，我也同时在为企业和家庭制定继任结构。与企业使命类似，我们需要一个家族宪章，可以围绕公司的方向和文化达成共识。它需要为家族传承和如何利用好世世代代所积累的财富确立一个治理流程。我和家人，包括我的父亲、母亲、

家族遗产不仅是财富，更是家族志向和先辈无形资源的守护责任。

兄弟姐妹和其他核心家庭成员沟通了很多年，探索更宏大的商业目标，并最终在 2012 年完成了《曹氏家族遗产宪章》。该宪章中，曹氏家族宣布他们希望成为一个不断进化的组织，成为一个社区，在旅程中相互扶持，在提高认识和智慧的道路上分享相似的世界观。

家族遗产不仅是财富，更是家族志向和先辈无形资源的守护责任。这就是我们与财富的关系。我认为自己是财富的管家，这不是一种权利，而是一种责任和机会。当财富被视为一种权利时，它就成了一种负担；但当财富被视为一种责任时，它就

会有使命性方向。

家族企业的规范是三环相套的关系，"家庭""所有权""企业"的利益是相互重叠的。我去掉了"所有权"，只保留了"家族"和"企业"两个圈，因为我们的动机是关系的连通性和企业的发展，而不是单纯的经济利益。

这不是一个容易实现的模型，因为它需要所有家庭成员同心协力。公司有独立的信托和自己的目的。它是家庭成员表达自己想法的机会，而不是自己对公司的法定权益的索求。我鼓励他们代表社会成为一名优秀的企业管理者，参与并作出贡献。当我成为家族企业负责人时，我所承担的责任是：在我们所生活的时代背景下，保持家族企业的持续发展。我希望下一代人也能够接受这样的目标，继续担任企业管理者的角色，为他们的子女及子孙后代做好保管人。

家族企业的资源是用来促进家庭成员自身成长以及人类发展的，我们"赤条条来、赤条条去"，每个人都只有一生的时间来运用整体连接性去体验和进化，去学习如何服务他人，如果剔除所有权元素，这两种资源对于家族和企业的进化作用就被非常明显地分开了。虽然被分开了，但它们之间有一种关系，在进化的旅途中相互支持。

该宪章由一个家族理事会管理。该理事会设有多个委员会，其中包括与学习、社会需求、投资和慈善事业相关的委员会。这些资金用于支持创业和需要帮助的家族成员。家族成员不必分心于所有权问题，他们可以专注于资源：如何部署资源和管理资源。这种方法被列入企业可持续发展任务书和《曹氏家族遗产宪章》中，每个都由一个单独的信托机构持有。

这不仅是留下个人遗产的问题，也是对我曾祖父及他在中国创办的海运企业的一种认可。贫穷的出身为我提供了一个独特的机会，让我既能成为一个务实的商人，又能成为一个富有哲理的商人。更重要的是，我的目标是让家族的后代继承这个追求，看到整个曹氏家族的事业朝着统一与进化的方向继续发展。🆔

注：本文素材来源于《量子领导力：商业新意识》，曹慰德、[美]克里斯·拉兹洛（Chris Laszlo）著，机械工业出版社，2021年6月，本文标题为编者所拟。

方法

CHINA STONE ▶▶

　　过去我们在人力资源开发和管理过程中认识到，组织"三定"的主要矛盾即人和事的矛盾，一个是量的矛盾，任务总量与人员总量的矛盾；一个是结构的矛盾，任务结构与人员结构的矛盾。发展至今，量的矛盾基本不存在了，反而结构的矛盾呈现更加复杂、多样的特点。

——华夏基石产业服务集团国有
企业改革发展研究中心

对组织"三定"的新认识、新思考及新答案

■ 作者｜王　群　王锐坤　何　屹
华夏基石产业服务集团国有企业改革发展研究中心

组织"三定"是一项基础工作、常规工作，人力资源管理遇到问题，追根溯源往往就是"三定"做得不踏实，没有解决人与岗位、与团队、与组织的适配问题。

　　组织"三定"即定岗、定编、定员，是组织各个发展阶段人力资源管理的基础（见图1）。过去，大多数抓住了行业红利、伴随着经济高速增长一路高歌猛进的企业，关注人员数量多于关注人才发展质量。即便是关注"三定"较多的国企，出发点也更多的是为了划清责任、控制编制等，鲜有企业基于业务、组织与人才发展的逻辑关系去动态思考"三定"问题。

　　组织"三定"是一项基础工作、常规工作，人力资源管理遇到问题，追根溯源往往就是"三定"做得不踏实，没有解决人与岗位、与团队、与组织的适配问题。

　　在不确定成为常态的新时代当下，"三定"的假设前提、使用场景和操作逻辑已经有了很大的差异。因此，本文尝试探讨新时代组织"三定"一些新特征与新挑战，并结合实践进行一些新思考。

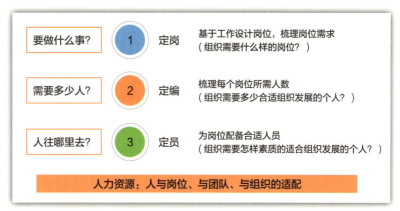

图1 组织的"三定"

一、组织"三定"的新特征与新挑战

对企业而言，任何组织优化动作需要匹配业务经营的需求。当我们再去开展组织"三定"工作时，我们需要将其放到企业经营大环境下去思考。

新时代，整个宏观环境称为"百年未有之大变局"，企业经营环境发生了非常大的变化。一方面，市场进入存量时代，竞争加剧，生存压力增大；另一方面，进入数字经济时代，最本质的社会生产力发生变化，企业增长的驱动力进一步发生变化，企业过去依赖商业模式或传统模式增长变成了必须依靠数字科技增长，这促使企业必须进行业务重组以及组织的变革与优化，在这个大背景下，如果企业仍按照原来的模式去配置人、培养人已经行不通了。

比如数字化、智能化转型时，企业原来配置的一些操作性的员工可能不被需要了，人员结构与业务已经严重不匹配了，在国企普遍缺乏较好的人员退出机制、民营企业的替代成本更高的现实下，这种不匹配为企业带来更大的"梗阻"。

我们必须认识到组织"三定"的主要特征和矛盾在发生变化。过去我们在人力资源开发和管理过程中认识到，组织"三定"的主要矛盾即人和事的矛盾，一个是量的矛盾，任务总量与人员总量的矛盾；一个是结构的矛盾，任务结构与人员结构的矛盾。发展至今，量的矛盾基本不存在了，反而结构的矛盾呈现更加复杂、多样的特点。站在企业经营动态视角重新审视"三定"，我们发现了这些新的挑战。

（一）业务转型加速带来的挑战

"三定"基于组织结构，组织结构源于战略。当今时代，组织需要不断变革优化以应对环境的急剧变化，但现实中组织变动经常跟不上业务变化的速度，因为职能部门还是按照传统的"先定岗再定编再定员"思路来运作，等都定好了，可能已经错过了发展时机。传统"三定"思路其实有个前提，即对事项已经有比较明确的划分，很明显在如今企业经营的若干场景，适用性有限。另外，我们必须不能忽视的就是新科技、新技术的影响，数字经济时代，驱动业务增长的关键影响因素就是"新技术"，现在肉眼可见的，数字技术作为新动能已经在重构很多业务了，未来新技术迭代还会层出不穷，如何能有前瞻性、敏锐地观察判断其对于岗位、人才的配置影响及趋势，也是很重要的。

（二）提高战略人效带来的挑战

所谓战略人效，即战略性人才密度。现在这个时代，我们认为企业应该在一个战略周期中看人效的变化，而不是去纠结于某一个时间点的人效问题。综合来看，企业人效其实是不连续的。未来需要通过人效管理本身去挖掘企业的战略人才，然后通过一个关键的杠杆，寻找新的人才管理规律。过去大多数企业重规模而不太注重发展质量，但进入存量竞争周期后，企业人员总量绝对值增高但需要的人才少，即人才既多又少，企业想要的战略人才比例比较低，战略人才密度低。一方面，内部人才的市场化出了问题，比如国企，国企人才退出成本比较高，退出难度比较大，在选拔和提升时，弹性不大，所以对编制要求会很高，也就是说不具备内部的人才市场化的特征；另一方面，组织想要的人找不着，缺乏内部发掘，这就属于在管理的策略上发生了问题。总的来讲，就是人员总量高，但结构不合理，这样就给新时代提高人效管理的命题带来困难。

（三）敏捷动态管理带来的挑战

传统"三定"管理在短期内比较有意义和价值，管理策略偏向于在某一时间段内，而在当下，组织"三定"需要及时根据外部环境和企业战略变化进行敏捷化、动态化调整，以匹配业务发展的需要。

目前，很多企业的"三定"管理未在业务增长与人员需求之间建立有效联系，需求增长与资源有限性之间的矛盾越来越突出，如：员工总量在增长，但仍不能满足各部门的用人需求；灵活性不足，难以适应业务发展和模式调整的需要；重视管人员，忽视人力资源"挖潜"和效率提升。虽然严格定员，但是在一定程度上，业务单位的合理化人力资源需求不能得到满足；部分单位通过其他不受控的方式解决自身人员需求。怎样在满足业务需求和提升人员效率之间获得有效平衡？需要发展新的、系统的、科学的人员规划和管理办法，以解决现存的问题。

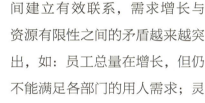

> 传统"三定"思路其实有个前提，即对事项已经有比较明确的划分，很明显在如今企业经营的若干场景，适用性有限。

二、组织"三定"的悖论与难点

随着企业管理水平逐步提高，以及人才对业务实现的重要意义，"三定"已经升级到组织管理，甚至战略顶层设计等领域，呈现出更难辨识和复杂的特点，且越是优秀的组织，这一特点越明显。

（一）"三定"的三大"悖论"

悖论一：部门负责人的事业心越强，能力越强，越容易超出组织理性。部门负责人事业心强，往往有较大的事业期望，喜欢"揽事"，因此就需要更多的资源，且能力越强，组织驾驭的能力越强，获取资源的能力和影响力也就越强，因此经常会超越现有的组织规范。

悖论二：人员数量多≠组织臃肿，"组织帕金森定律陷阱"。以往我们经常有种假设，以为人多就是意味着人员的工作效率低，人浮于事，希望通过不断增员来完成任务，但是现实中往往是另外一种相反的情况，正是由于管理过宽过深导致了工作量的增加，管理控制点的增加也需要不断增加人员投入，有一些是由于监管要求，而有一些却是因为管理过度造成的，或者是因为"能力不足数量凑"的人员胜任力不足造成的。

悖论三：今天的平衡≠明天的稳定，"三定"的系统性问题。"三定"是具有时间周期性特点的，因为人是动态发展的，稳定是相对的，动态是必然的，现代组织发展特征决定了组织必须得具有一定的弹性和灵活性。例如，随着组织的发展，管理职能裂变，管理颗粒度细化是一个必然的趋势，这就给人员配置提出了一个管理难题。因此"三定"管理最重要的是建立人才管理原则，建立人与组织和谐发展的新时代系统管理体系。

（二）"三定"的三大操作难点

典型难点一：忙的忙死，闲的闲死——人责不匹配。部分员工经验不足、能力较弱，不能承担较复杂、具有挑战性的工作，工作饱和度看上去不够；一些经验丰富、能力强的员工由于数量少，因此饱和度较高，工作负荷不均衡，这种情况产生的原因是人员结构不够合理，整体人力不能满足组织的工作要求，这其实是当下企业用人的典型特点，即胜任力不足，数量来凑。

典型难点二：把人员数量作为岗位设置的依据或者把岗位作为人员配置的约束条件——组织与人才的发展模式。我们习惯于简单将管理幅度和人员数量作为岗位设置的重要依据，其实在不同的管理场景既可能会组织迁就人，也可能是人迁就组织，其主要的逻辑依据是责任与任务，越是具有创新意义的组织领域，越是具有战略价值的组织领域越是如此，因此，管理规则不要一刀切，要因时而变，现代人力资源管理理念，是以"人"为重要对象开展管理的。

典型难点三：职能管理类的工作饱和度不容易量化测量，不容易准确设定人员编制。职能管理类的工作具有很大的弹性，工作内容边界模糊，涉及的事项多且杂，而且工作的时间周期具有不确定性，突发和临时性的工作任务有时候甚至会占据大部分时间和精力，再就是对人的综合能力要求比较高，因此，在配置的时候就很难用常规的方法去设定标准。

三、组织"三定"的新思考

（一）新方向

"三定"研究的是人力资源的投入变量，研究组织"三定"首先要回到组织的原点，即首先要满足组织目的、实现组织功能，即实现增长，实现健康的、可持续的增长，这是研究"三定"的前提。其次要具有组织效率，例如劳动生产率，能否以最经济的投入，带来最大的产出。最后组织要有活力，即员工具有目标感，具有高敬业度，员工自驱力高，组织效能高。

组织的"三定"要建立以价值为导向的高质量发展模式，按照组织前中后台的职能特点，前台业务和项目型工作的组织相对确定性比较大，结果和产出相对比较容易界定，更容易建立数量化的模型，例如业务收入、管理的资产规模、维护的客户数量等。创新性的工作和中后台的职能管理型工作价值更难定义和度量，因为其工作性质具有突发性和临时性，波动性大，不容易规划和确定，而且还会受到任职人员能力的影响，因此，必须采取不同的方式进行规划与管理。

（二）新思路

组织"三定"可以分为宏观和微观两个层面，宏观要明确组织的策略理念，以及管理原则，这是研究的前提假设与依据；微观要以组织效能与组织效率为导向，建立管理规范。

第一，组织"三定"首先要做顶层思考。思考的几个维度是：战略导向、人才观、组织定位、规划理念。

第二，从宏观上要做好总量管控——组织效能。一方面，要建立经营结果与人力投入之间的逻辑关系，包括三类指标：第一类是人力资源的投入产出以及动态趋势指标，第二类是人力资源效率类指标，第三类是人力资本类指标，这类指标可以帮助组织从整体上对人员总量进行宏观控制。另一方面，分层分类管

"三定"的管理要同时兼顾数量、质量与结构三个方面。

控："三定"的管理要同时兼顾数量、质量与结构三个方面，具体到每个部门和岗位，必须要进行分层分类的研究与管理。按照管理幅度原则，建立管理人员与非管理人员的比例规则；划分职位族群，横向上要做好不同职位序列之间的平衡，纵向上要根据企业发展需要，建立合理的动态科学的职级比例。

第三，从微观上要做好人力效能管控——人岗匹配。把组织的有效性作为研究的目标，通过建立系列的组织效能管理指标进行评估和监控，要实现三个层次的匹配，第一，员工个人的能力与岗位工作要求的匹配；第二，员工团队（作业单元）组合（不同角色，不同能力层次）与工作复杂度的匹配；第三，整个岗位序列的员工队伍与公司对任务的整体性要求匹配。

四、组织"三定"的新答案——平台型组织

数字化、智能化时代的来临，颠覆了传统组织模式，颠覆了过去的组织连接方式、组织沟通方式、组织的协同方式，重构了人与组织之间的关系。组织要围绕战略变，围绕战略

发展变；组织要围绕客户变，围绕客户价值变；组织要围绕人才变，围绕人的价值创造活力与效能变；组织要围绕技术变，围绕技术革命与人的关系变。未来的组织模式应该是适应互联网和智能化需求的，适应客户的需求、人才变革的要求以及技术变革的要求。平台型组织的构建，恰是承接这种改变的最佳途径。

"平台型"组织架构已经成了很多大型公司的标配，这种组织架构的突出特点就是：**小前台（主要是业务一线部门的集合）、强中台（主要是资源支持部门的集合）、大后台（主要是职能服务部门的集合）**。小前台的设置就是为了让一线业务部门对市场保持敏感度和灵活性，同时也让整个组织起到反脆弱性的功效。就平台型的组织而言，小前台的设置和定岗定编应该保持高度的敏捷性，而中台和后台部门因为组织能力建设的兼容性和扩展性，其定岗定编就可以保持相对的稳定性，不需要高频调整，否则反而影响整个组织能力的输出，给组织带来不稳固的危害。

（一）定岗

定岗，首先要回归到新时代组织设计的逻辑，运用组织解码的视角层层分解、剖析，让企业战略任务切实落到组织最小的载体——岗位上。

1. 从战略到职能规划

我们通常说战略决定结构，到底是如何决定的，有两个方面：一方面是业务目标需要组织谁去承载（即组织单元，事业部、部门等），承载这些目标需要什么职能；另一方面是根据发展战略需要组织未来3—5年必须具备什么能力，这也是职能规划需要考虑的重点，这个职能不一定是现阶段需要的或者说现阶段不需要很强，但必须得前瞻性考虑，因为履职能力的发育也是需要时间积累沉淀的。综合这两方面的考虑基本上可以完成战略到职能的规划（见图2）。

图 2　从战略到职能的规划

2. 从组织职能到岗位

接下来才开始考虑岗位，岗位设置通常的逻辑还是"因事设岗"，这里的"事"即组织职能进一步分解成工作任务，横向上要考虑分工与协作，纵向上考虑层级设置；这个点可以通过访谈、写实、调查、对比、观察等方法进行具体的工作分析，厘清职能边界，明确岗位职责和工作目标，以及岗位的任职条件，最后撰写岗位说明书；但这里需要强调的是并非所有的情况都需要一板一眼的"因事设岗"，规则中需要给"因人设岗"也留下口子，比如某些业务或职能是基于人对事的创新和思考为前提的；另外就是出于对吸引、招揽特殊"人才"的考虑，不一定要按照定好岗再去找人的思路，有时候真正的牛人可以先招进来，再去给岗位，这种情况也是现在企业比较普遍的做法。

3. 岗位分层分类管理

随着新时代对人的精细化管理要求更高，我们也常常会引入职位族群管理的模式，改变过往岗位精细化管理复杂、管理成本高的特点。职位族群管理旨在基于企业战略要求，实施分层分类的人才管理策略，激活人才存量、提高人才质量，提升面向未来的组织效能（见图3）。

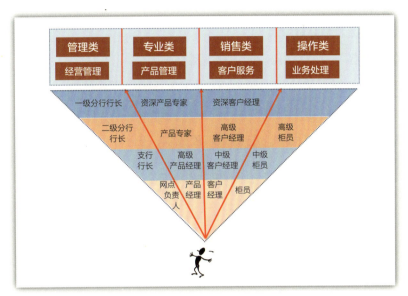

| 管理类 | 专业类 | 销售类 | 操作类 |
| 经营管理 | 产品管理 | 客户服务 | 业务处理 |

图3 岗位分层分类管理

（二）定编

岗位有了之后，就是定编。定编是"三定"管理中难度相对高的一个环节，需要考虑组织发展阶段、业务需要与人效平衡、量化还是定性等一系列的因素。可谓是既要科学又要艺术，对人资部门管理主体来讲一直是个挑战。通过实践总结，定编还是要回到三个视角、三个维度去看，会把握比较准确。三个视角即经营需要、组织定位以及动态管理，"三个维度"即以自下而上的定编方法为主维度，自上而下的宏观指标作为约束项，同业对标和工作饱和度作为校准项，开展定编工作。

一是自下而上的定编方法。自下而上的定编方法的核心是工作分析，分析每个岗位的工作内涵，包括工作内容、每个工作内容的工作对象及可量化的程度。首先按照"自下而上"的方法，剖析每个岗位每个人具体的工作职能、业务指标和工作量的情况，并将现状用表格呈现；然后通过数据回归分析提取每项业务每个岗位的编制依据，得出岗位的科学编制数量。考虑到前中后台部门的工作内涵差异较大，故在定编方法上进行了差异化设置。比如：**前台部门以量化分析为主，中后台部门采取管理幅度、管理职责及工作量对位法。**

二是自上而下的约束指标。在完成自下而上核编的基础上，还会结合自上而下的约束指标，例如将人均利润和人均薪酬作为约束指标，进行定编，甚至影响定员。

三是校准项。在定编定员的过程中，也将引入校准项，主要包含同业对标和工作饱和度分析。

（三）动态调节

根据机构职能、业务指标、工作量等情况，建立动态人员调节机制，鼓励部门建立灵活的人员配置方式，提高人力资源使用效率。动态调节的内涵是在自下而上工作分析时、基于现状提取的数据基础上，进行数据回归分析后提取的作为未来调整编制的定编依据，如表 1 所示。

表 1   定编依据

内设机构	岗位名称（注明原有、调整、新增）	编制核定规则	现状		2022 年度		变化说明
			工作量	编制数	目标工作量	动态核定编制数	
二级部门（名称）	岗位 A（原有）	每 1000 笔业务，配置 1 人	800 笔	2 人	1000 笔	1 人	岗位不变，缩减 1 人
	岗位 B（调整）	每 10 份总结报告，配置 1 人	80 份	6 人	80 份	8 人	什么岗位与什么岗位整合，增编 2 人

以上，是我们团队对"三定"的阶段性研究的结论，具体操作时还需结合企业实践进行综合考量，也欢迎管理一线的朋友与我们交流研讨。🔲

风雨飘摇中，如何守护组织的稳定性

——组织的心理契约与工作行为重塑

■ 作者｜孙利虎 山西财经大学副教授、硕士生导师，
中国人民大学人力资源管理博士

员工与组织，双方都需要及时调整，维系良好的心理契约关系，强化工作行为重塑，助推企业稳定前行。

后疫情时代背景下，企业面临着极为严峻的人力资源管理问题，外部环境不确定性、员工远程办公、传统雇佣关系变革等多方面的因素，冲击着雇员雇主双方心理和行为发生变化。在此大背景下，如何改善雇佣双方关系，建立良好的心理契约，从而推动员工自发调整和优化工作行为，进行工作重塑，促进企业实现更加稳定持久的发展成了当下的热点话题。

据中国人力资源和社会保障部发布的《2022 年人力资源社会保障主要统计数据（1—9 月）》和前程无忧发布的《2022 离职与调薪调研报告》，2022 年前三季度城镇新增就业人数达到1001 万人，较 2021 年同期减少了 44 万人，且 2021 年员工整体离职率达到 18.8%，员工离职率明显提高，且求职意愿降低，可以看出后疫情时代下，雇员和雇主之间的心理契约与员工工作态度和行为之间有一定的相关性。

探究心理契约的影响因素以及其对员工工作重塑行为的作用过程，更好应对后疫情环境的不确定性成为当代企业保持核

心竞争力的重中之重。

一、心理契约：组织柔性化管理的基础

心理契约究竟是指什么呢？它与我们日常所签订的纸质契约又有何差异？已有国内外学者普遍认为心理契约是对雇佣双方在彼此交换关系中责任和义务的主观认识，尚存在争议的是这一主观认知是基于员工个体还是雇佣双方的视角，但无论哪一视角，都离不开双方互惠平等的根本原则，这一原则也成为雇员和雇主维持良好交换关系、促进雇员积极工作行为的重要依据。我们从雇员雇主的视角出发来描述心理契约的含义，认为心理契约是雇员和雇主双方对彼此在工作中所付出的义务和享受的权利是否对等的一种主观感知，它区别于传统的纸质契约，是与雇主在心理达成的隐性契约，能够加强组织柔性化管理，建立更长久稳定的雇佣关系。

雇员与雇主之间所形成的良好心理契约关系，就像是企业稳定发展的助推器，能够引导员工为组织做出更多积极行为，使企业在疫情不确定环境下保持竞争优势。因此，探讨雇主（组织层面）和雇员（个体层面）多重前因条件相互制约所形成的对心理契约的影响，更好地回答因果关系的非对称问题，更有助于推动企业的高质量发展。

具体而言，基于雇员角度，识别影响员工心理契约的核心因素和边缘因素，有助于在环境发生变化时（例如疫情季节性、小规模的暴发）为维持雇员高职业忠诚度提供实践指导。

基于雇主角度，有助于提升雇主基于心理契约关系的双面认知，从而采取更具针对性和操作性的管理措施或干预方式，如强化组织韧性，组织文化改善、双边关系优化等，进而促进员工主动改变和调整工作内容，通过自下而上的工作重塑行为提升组织竞争力和环境适应能力。

二、影响心理契约的双边因素

基于疫情大环境角度，了解心理契约的影响因素，维护雇佣双方良好的交换关系，更能在动态的外部环境中站稳脚跟，实现可持续发展。通过对疫情环境和企业发展情况的了解，我们分别在组织和员工两个层面发现了影响心理契约的因素，组织层面影响因素包括：雇主价值主张、发展型人力资源管理、环境不确定性；员工层面影响因素包括：雇员价值主张、职业危机感、心理资。具体来说：

一是雇主价值主张。雇主价值主张是从营销管理领域中延伸出来的概念，它将员工比作顾客，不同的职位比作公司商品，雇主需要提供能够满足"顾客"需求的"商品"，才能实现组织目标。疫情背景下，灵活办公、线上办公成为新兴的工作方式，面对这一新变化，雇主只有在制定和实施雇主价值主张时，更加重视员工兴趣和创新行为，提供满意的薪酬水平，才能缓解员工在疫情冲击下所感受到的焦虑和压力，从而更有效激发员工工作热情和活力，履行双方之间的心理契约。

> 基于疫情大环境角度，了解心理契约的影响因素，维护雇佣双方良好的交换关系，更能在动态的外部环境中站稳脚跟，实现可持续发展。

二是发展型人力资源管理。随着经济社会的发展，员工对于自我价值和职业发展有了更高要求，发展型人力资源管理恰能满足员工不断变化的发展需求，为员工提供一系列的资源支持和机会，关注员工潜能开发和职业生涯规划。同时后疫情时代的到来，数字化、智能化高速发展，企业的产业模式、人员治理都需要重新定位，而发展型人力资源管理实践的落地，为企业在新环境下维持可持续发展提供了新思路，通过变革管理方式、实施柔性组织文化、满足员工资源需求，使他们有了更高水平的心理安全感并表现出更积极的态度和行为，从而维持高水平的心理契约关系。

三是环境不确定性。在遭遇了疫情带来的经济寒冬，我们更深刻体会到了外部环境不确定性对企业所造成的困境，雇主面临着更大的工作焦虑和压力，诱发情绪耗竭，他们会对员工提出更严格和苛刻的工作要求，从而降低员工对工作的满意度，造成员工和雇主之间的心理契约违背。

四是员工价值主张。员工价值主张描述了员工个体对"工作是怎样的""工作中所追求何种意义"等问题的认知，是对工作价值的感知及信念。不同代际、不同经历下员工对工作价值的诠释表现出多样化的特征，尤其是面对疫情环境的影响，更需要员工雇主价值主张匹配才能够建立互惠和均衡的交换关系，缓和员工动态环境下的生活压力和工作压力，提高员工对组织的忠诚，进而建立稳定的心理契约关系。

五是职业危机感。员工在工作中受到威胁，担心失去工作本身或晋升及奖赏的机会。疫情反复以及科学技术的进步，用工需求逐渐减少，增加了用人单位裁员的风险。员工如果在工作中感受到了失去工作的危机感，就会引起焦虑、怀疑、无助等情绪，降低自己的努力程度，最终造成双方心理契约的破裂。疫情很不稳定的情况下，员工的工作具有很大的挑战性和不确定性。

六是心理资本。心理资本作为个体的一种资源，由乐观、韧性、希望和自信四个部分所构成，代表个体拥有的积极乐观的心理状态和心理能力。具有较高心理资本的员工更容易产生积极的情绪，较快从消极的雇佣关系中恢复过来，比如面对疫情的不确定性，他们能在裁员、降薪等负担中快速恢复过来，并提高他们对组织责任的感知程度，促使心理契约的履行。

三、心理契约对工作重塑行为的影响

伴随着疫情的出现和反复，各行各业发生了巨大变化。环境的变化不仅需要企业提高自身的工作反应能力，更需要员工能够具备对工作灵活调整和变通的能力。如何能够促进工作重塑行为的产生？心理契约与员工重塑行为之间的具体作用关系是怎样的？这些问题的答案我们可以通过"工作要求—资源理论"模型来解释。

"工作要求—资源理论"是解释工作特征如何通过工作倦怠或工作投入导致工作结果差异化的理论，该理论从资源视角将工作特征分为工作要求和工作资源。在疫情冲击下，工作重塑成为人们应对环境变化，维持自身可持续发展的一种手段，而得到广泛认可的工作重塑行为，便是通过平衡工作资源和工作要求来实现的，同时心理契约是指员工与雇主双方对彼此责任的认知和期望，也即另一种形式的工作要求与工作资源。具体来说，雇主对员工任务绩效、工作效率提高的期望，属于雇主对员工提出的工作要求；员工期望组织提供的福利报酬、晋升机会等，都属于员工从组织中获得的工作资源。

因此运用"工作要求—资源理论"的"双路径"模型来解释心理契约与员工工作重塑行为之间的关系。

一是增益路径。充足的工作资源能够帮助员工顺利达成工作目标，激励员工个人学习和成长、促进员工发展。员工与组织有良好的心理契约关系意味着，雇主能为员工提供民主和谐的工作环境，能在疫情环境下仍维持公平的报酬和职业发展机会，由此可以激发其内在动机和工作热情，促使其通过提高学习能力和意愿来缓和疫情区域性反弹带来的压力，增强工作能力。员工积极主动学习并对工作行为做出改变，便会促进工作重塑行为。

二是损耗路径。工作要求会给员工带来一定的生理和心理消耗，疫情常态化下，员工心理契约违背或破裂会使员工感知到组织的工作要求与资源不对等，外部疫情环境变化和内部工作的焦虑，使员工产生工作倦怠，倦怠的员工不仅无法集中精力，且疫情带来的职业危机感等情绪压力也使他们对工作任务产生消极甚至排斥的态度，失去内部动机进行工作重塑。

四、疫情冲击下工作重塑行为强化

重大公共卫生事件的突发，给全国各地的各行各业带来了翻天覆地的变化，社会治理、经济发展、价值观念面临巨大冲击。一方面，员工对于工作的思维观念发生转变，从追求"车子、房子、票子"这些物质需求转变为稳定、健康和内在需求；另一方面，经济下行压力的同时中小企业面临倒闭的风险，增加了员工离职率和生活负担，也推动了员工对于稳定就业形态的追求。疫情冲击所带来的多方影响，使员工雇主不得不重新思考新的发展途径，在不确定环境中更好求变图存，工作重塑行为为平衡动态环境与经济压力提供了新思路，如何在后疫情时代下强化工作重塑行为成为又一热点话题。

> 工作重塑行为强调个人为追求自我价值与意义，自发主动改变工作相关内容的一种积极行为。

工作重塑行为强调个人为追求自我价值与意义，自发主动改变工作相关内容的一种积极行为。疫情背景下强化员工的工作重塑行为，可以分为三点：

首先，重新定义员工对工作的认知。 在疫情的冲击下，我们更意识到维持稳定、健康的生活已是很大的幸福。这样动态的环境中，重新定义我们工作的意义，秉持正念，积极重塑自己的工作，才能维持自我在工作中的竞争力，为企业、为社会奉献自己的力量，促进企业不断发展。

其次，组织韧性强化员工积极行为。 当员工拥有充足的工作资源时，会激发更高的工作动机，更加投入地完成工作任务。组织韧性是指组织预测突发事件、主动接受新的风险和威胁、创造性地制定应对措施以实现逆势增长的能力。拥有高度组织韧性的企业，能够积极调整战略目标，更加从容应对新冠疫情等公共卫生安全事件的发生，从危机中快速恢复，实现逆势增长，激励员工积极努力提升工作技能，调整不适用的工作内容和工作方式，更好地完成工作任务，促进疫情下员工工作重塑行为。

最后，心理韧性缓冲员工消极行为。心理韧性是个体调节逆境、维持平衡、保持对环境的控制感并继续按照积极的方式行事的能力，它作为个体资源，能够缓冲工作倦怠带来的影响。在后疫情时代下，拥有高心理韧性的员工更能承担不确定环境所带来的不安全感，表现出更高的工作满意度、生产效率，以及低离职率，能够以更加积极主动的态度应对工作中的挑战，从而强化员工工作重塑行为。

一场突如其来的疫情，经济发展方式、工作方式、生活方式极大改变，数字化、智能化飞速发展，员工和雇主相互关系随之面临巨大挑战，双方及时作出调整，维系良好心理契约关系，才能引导员工表现出更积极主动的行为，从而激发工作重塑行为，为企业提升管理能力、促进持续发展插上翅膀。🔟

理念要落实到人的行为中

■ 作者 | 杨四伟 华夏基石管理咨询集团高级合伙人，
企业文化与顶层设计资深顾问

为了使组织成员形成稳定的、与文化理念相一致的图式，就需要建立一种常态机制，重复实施稳定的刺激。

把文化理念落实到员工行为中，企业在实操中存在两大普遍性难题：一是员工认同企业的文化理念，有动力做得更好，但却不知道如何才能做得更好，缺少方法，能力不足；二是对组织成员的行为缺乏管理，正向的行为得不到及时的奖励，负面的行为得不到及时的纠偏，严重损害了企业文化的公信力。

对症下药，笔者提出的解决方案概括为两点：第一，建立劳动态度考核机制和优秀经验推广机制，让员工知道不合格、合格、优秀的标准，以及实现优秀的方法。第二，建立日常行为和典型行为管理机制，对负向行为及时纠偏，正向行为及时奖励。

下面具体分析一下企业文化行为管理的逻辑与方法。

一、行为管理的底层逻辑和方法论

（一）行为图式

瑞士心理学家皮亚杰认为，人们的行为遵循一个关系（见图1）。

图式是主体内部的一种有组织的、可重复的但又是动态的、可变的行为模式与认知结构，相当于本书所说的"心智模式"。

图式最初来源于遗传，但在外部刺激的影响下，通过同化和适应而动态调整直至平衡，其中，同化是指个体对外界刺激进行过滤、筛选和整理，将其纳入自身的图式中，适应是指当原有的图式不能同化客体时，通过调整原来的图式建立新的图式，以适应环境的需要。

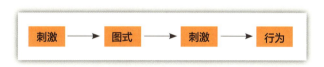

图 1　刺激、图式、行为之间的关系

从上述关系可以看出，由于外在复杂的刺激，人们的图式是不断变化和丰富的，如果刺激是变化不定的，也就难以形成稳定一致的图式和稳定的行为表现。

而且，由于人们认知、能力、经验以及所遇到的外在刺激不同，我们很难保证所有组织成员都能将文化理念内化于心，也不能保证所有成员在任何时间任何场所都会做出与文化理念相一致的行为，部分人员可能会在诱惑吸引或者缺少监督的情况下做出负面行为。

因此，为了使组织成员形成稳定的、与文化理念相一致的图式，就需要建立一种常态机制，重复实施稳定的刺激。这种重复的刺激包括两个方面，一是重复向组织成员提示公司的文化理念和要求，二是当组织成员表现出一个正向行为或负向行为时，企业要及时做出反馈。

通过不断提示企业倡导的行为要求，并及时对行为做出反馈，长此以往，组织成员就会形成稳定的图式和行为习惯（见图 2 ）。

图 2　稳定的刺激产生稳定的图式与行为习惯

（二）行为管理的方法论

通过行为管理的底层逻辑我们发现，要想使组织成员形成与文化理念相一致的、稳定的心智模式和行为习惯，应重点做好三个步骤：

1.重复提示：建立固化的机制，重复向组织成员提示重要的理念、要求或经验。

2.过程观察：主管领导或特定机构在日常工作中注意观察组织成员的行为表现。

3.及时反馈：根据既定规则，对正向表现及时奖励，对负向表现及时纠偏。

二、文化行为管理机制

（一）目标

行为管理主要实现以下三个目标。

▶ 明确行为要求与方法，不断向组织成员提示，并对少数典型的外显行为及时做出反馈，刺激行为人和周围的人强化内在心智模式，形成稳定的行为习惯。

▶ 通过对行为的观察与反馈，牵引组织成员挖掘潜能，向更高行为层级进阶，克服怠惰，规避可能出现的负面行为，持续提升自身行为表现。

▶ 通过对行为的观察与评价，反过来判断组织成员的内在心智和劳动态度，为人才使用和激励提供参考。

（二）组织设计

行为管理是一项常态工作，既要有专职部门负责机制设计和统筹管理，也需要各级主管和文化工作者发挥日常管理的作用，同时联合人力资源部，把行为管理与人才管理结合起来，对一些重大事件的处理，还需要提请企业文化领导机构审议，综合以上所述，行为管理的组织设计可以参考图3。

（三）各主体的职责

1.企业文化领导机构

▶ 指导企业文化专职部门开展行为管理工作。

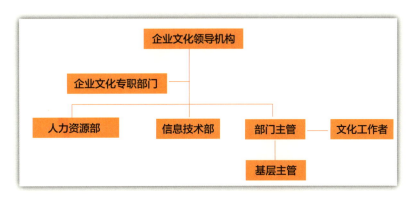

图3 行为管理的组织设计

▶ 对企业文化专职部门、人力资源部、信息技术部等行为管理相关部门进行整体分工与协调。

▶ 对超出企业文化专职部门、人力资源部、信息技术部权限的重大事件的处理进行审议决策。

▶ 根据组织成员行为表现，对相关部门工作提出指导意见，有必要时修订文化理念或管理政策。

2. 企业文化专职（企业文化统筹管理）部门

▶ 设计行为管理机制，制定管理政策。

▶ 组织制定劳动态度考核标准、日常行为标准、萃取优秀经验。

▶ 组织协调人力资源部、信息技术部和各级干部开展行为记录、反馈、考核与奖惩。

▶ 根据行为管理情况，优化文化宣导和内化工作。

3. 人力资源部

▶ 协助企业文化专职部门开展劳动态度考核，包括考核政策制定、行为信息记录、考核结果应用。

▶ 协助企业文化专职部门对正负向典型行为进行奖惩。

4. 信息技术部

▶ 根据行为管理需求，建立信息系统，为行为信息记录、反馈和推广应用提供便捷支持。

5. 部门主管

▶ 通过率先垂范、日常沟通和行为反馈，牵引部门员工主动践行公司的行为要求，形成良好的行为习惯。

▶ 根据企业文化专职部门和人力资源部政策要求，主导开展本部门的劳动态度考核工作。

▶ 在企业文化专职部门的统筹下，积极开展优秀经验萃取与推广应用工作。

▶ 借助典型事件强化公司文化理念。

6. 文化工作者

▶ 在企业文化专职部门的指导下，协助部门主管在本部门开展劳动态度考核、优秀经验推广、日常行为管理和典型行为调查处理工作。

7. 基层主管

▶ 通过率先垂范、日常沟通和行为反馈，牵引团队员工主动践行公司的行为要求，形成良好的行为习惯。

▶ 根据公司政策要求，开展劳动态度考核、优秀经验推广工作。

三、文化行为管理主要举措

（一）劳动态度考核

1. 华为与阿里的模式

能力和态度决定一个人的行为和业绩，二者都是未知的变量，但能力的提升通常需要一个过程，且受个人态度的影响很大。

劳动者的态度有很大的伸缩性，拥有积极态度的人，能够克服外在困难和自身局限完成挑战性工作，而持消极态度的人，即使非常简单、基本的工作也会出现问题，因此，劳动态度考核极有必要。目前很多企业都在开展的"价值观考核"，实质就是劳动态度考核。

目前企业界开展的劳动态度考核主要有两种模式：一是对

照点检模式，典型案例是华为的劳动态度考核，具体做法是把劳动态度分解为"基于诚信的底线行为、基本行为准则、责任心与敬业精神、团队精神"等维度，每个维度列举了详细、可考证的行为标准，每季度由员工对照行为标准进行自我回顾与检查。评价的依据是"关键事件"举证。二是通关制，典型案例是阿里起初实施的"价值观考核"，具体做法是：基于价值观内涵和员工行为经验提炼出每条价值观的五级行为标准，分别对应1、2、3、4、5分，员工首先要做到较低分数的条款，然后进阶至较高级的条款，若较低分数未能做到，则没有机会进阶。考核依据是"关键事件"举证。

两种模式各有优劣，点检模式的优点在于行为标准比较详细、具体，易于观察衡量，但具体的标准缺少了创作空间，不利于发挥员工的自主创造力。相对来说，笔者更认同通关制的做法，虽然标准有些概括，不是那么具象，但在提供行为方向的同时预留了较大的创作空间。同时标准聚焦于核心价值观，层级清晰，既有利于强化价值观，也有利于牵引员工逐步改进提升。

2. 通关制劳动态度考核法

以下是笔者结合过往实践总结的通关制劳动态度考核操作方法：

(1) 考核标准

在开展劳动态度考核前，由企业文化专职部门组织专业部门和优秀员工，结合价值观内涵和优秀员工实践经验，梳理提炼出每条价值观的五级行为标准，分别对应1、2、3、4、5分。

很多企业在制定分级考核标准时不知道如何区分各级标准之间的界限，笔者结合自身咨询实践，总结了一个总体原则，即：分数越高，个人投入越多，实现难度越大，创造的价值和影响力越大。同时笔者对各级标准做了一个界定（见图4）。

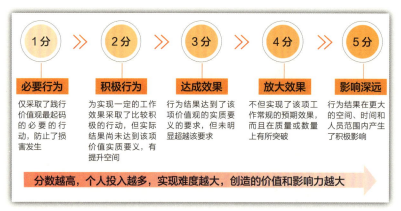

图4　五级劳动态度考核标准界定

(2) 考核周期

劳动态度的改变是一个循序渐进的过程，考核周期太短，则体现不出变化，且管理成本较高，容易引起干部员工反感；周期太长，则起不到过程提示和牵引作用。因此，劳动态度考核周期建议设置为双月或季度，根据员工行为表现情况，也可以灵活调整。

(3) 考核流程

公布考核标准与细则。考核开始前，人力资源部应通过正式通知向干部员工发布"考核标准"及考核细则，并针对员工疑惑进行答疑。

日常记录关键事件。员工应积极记录日常工作中的关键行为事件，直接上级对下级工作进行日常观察，记录员工的正负向关键行为事件，并在事件发生时及时与下级沟通，即时激励或提出改进建议。

员工自评。员工在评价周期结束前5个工作日完成劳动态度自评，并提交直接上级审评。

直接上级审评。直接上级收到员工的自评后，在3个工作日内做出综合评价，并与被评价者当面沟通评价结果，给出分数与理由。

申诉仲裁。员工对本人劳动态度打分结果有异议，可在3

个工作日内向本部门上一级管理者或本单位人力资源部门提出申诉，上一级管理者或本单位人力资源部门收到申诉后3个工作日内进行调解并出具仲裁结果。

抽查纠偏。人力资源部门对劳动态度评价结果进行抽查，着重抽查不合格和三分以上人员，对于不支持、不匹配、不充分的案例应退回。对弄虚作假、不客观、不公平的直接上级，人力资源部门可根据情况对其劳动态度评价结果减3~5分，甚至在公司层面通报处分。

(4) 考核应用

劳动态度评价结果作为奖金分配、加薪、晋升、培训、转岗、淘汰的前置条件，劳动态度评价不合格者，只能享受公司基础的待遇，无法享受奖金、晋升等进一步的激励。

(二) 优秀经验推广

优秀经验推广是指从优秀员工的实践中提炼成功经验，在企业中复制推广，让更多人提高效率和业绩。

优秀经验推广的意义在于明确标准，减少失误，提高效率，以少数人的成功经验带动多数人的成长进步。其操作要点如下：

第一点，**萃取什么**。企业中有很多具体的工作和岗位，优秀经验萃取主要针对的是覆盖面较广的、关键工作或岗位，例如，拉卡拉针对"中层以上干部如何开展管理"梳理了"执行四步法"：设目标、控进度、抓考评、理规范，针对"高层干部如何领导团队"总结了"领导力三要素"：建班子、定战略、带队伍，等等。

第二点，**如何萃取**。优秀经验的萃取，可以按照以下五个步骤实施：

▶ 建立标杆岗位经验萃取与推广小组，明确角色分工与责任。

▶ 筛选标杆干部、骨干，找准对标学习对象。

▶ 确定标杆经验萃取的内容，主要是关键行为、必备知识、方法和技能。

▶ 按照经验萃取重点内容框架进行结构性访谈、标杆经验问卷调查，标杆人物走访。

▶ 组织标杆经验研讨工作坊，对初步形成的标杆经验内容框架进行分组研讨，完善定稿。形成的优秀经验应尽可能做到思路清晰、表述精练、简单化、标准化，以便推广学习。

第三点，如何推广。优秀经验推广主要采取以下三种方式：

▶ 课程培训：把优秀经验开发成培训课程，组织相关人员学习。

▶ 操作手册：根据优秀经验，制作关键岗位操作手册，要求相关人员对照执行。

▶ 传帮带：把优秀经验纳入新员工帮带的内容中，帮助新人快速成长。

优秀经验是组织成员在实践中总结积累的宝贵财富，学习掌握的人越多，所发挥的作用和创造的价值越大，因此，企业平时应借助信息化手段，把优秀经验存储到企业信息系统中，方便员工学习。

（三）典型行为管理

典型行为管理是指对高标准践行文化理念的正向事件和严重违反文化理念的负向事件进行调查处理，明确公司文化导向的一系列管理工作。典型正向行为，是指行为明显超出企业文化的一般要求，带来了积极影响，包括创造经济收益、正向的内外部评价。典型负向行为，是指行为严重违反了企业文化的要求，带来了负面影响，包括经济损失、负向的内外部评价。

典型行为管理包含三个步骤：

第一步，调查事件。根据收集到的信息，通过查阅资料、访谈员工等方式进行调查落实，并出具《典型行为调查报告》。这里需要注意的是，一定要把事件的来龙去脉调查清楚，原因是企业要对这个事件进行处理，任何一点误差都会对文化工作产生不利的影响。

第二步，公开奖惩。除非涉及保密或者个人隐私，否则，不要藏着掖着，尽量公开，让大家都知道这个事情的起因经过，以及公司的处理结果。

第三步，解读澄清。处理完典型事件以后一定要澄清，在公司的内刊或者论坛等公开发表文章，解释清楚事情的来龙去脉，并公布公司的处理理由和处理结果。

典型事件的监控渠道：一是业务走访，文化工作者定期走访业务部门，向员工了解企业文化落地的情况，收集员工意见和典型行为信息；二是业务会议，文化工作者通过参与业务部门例会，收集典型行为信息；三是文化评估，通过发放企业文化调查问卷了解各部门的文化氛围，发现各部门可能存在的典型行为；四是文化信箱，可以在公司设立"文化信箱"，收集员工的意见和典型行为信息；五是业务数据分析，通过查看业务数据发现异常情况，进一步找相关人员了解背后原因，以及是否有典型事件发生。

（四）日常行为管理

日常行为管理主要是针对干部员工的着装、礼仪、沟通、会议等日常工作和生活行为进行的管理，其依据为《员工日常行为规范》。

文化管理不是一蹴而就的工作，是一个循序渐进的过程，需要点点滴滴去管理。日常行为管理的目的是通过持续提醒和纠偏，帮助员工养成良好的行为习惯，提升职业素养。🆔

注：本文已收录进杨四伟著作《企业文化与组织活力》，沈阳出版社，2022年11月。图书详情见华夏基石管理评论微信公众号。

专精特新企业的事业合伙人机制

——激活人才动能，链接产业生态

■ 作者 | 杨智宇 华夏基石管理咨询集团高级合伙人，多家上市企业常年顾问

把人才的雇佣关系变成合伙关系，把人才变成合伙人，用合伙人机制激活人才动能，与合伙人共识共担共创共赢未来。

一、专精特新企业面临的时代命题

（一）从过去的互联网、现代服务转向实体经济，智能制造，硬科技

从蚂蚁 IPO 夭折，到实体企业纷纷登录科创板，硬科技实体企业迅速崛起，时代变迁仅仅 1 年的时间，变化何以如此之大？显然，中国经济的发力对象，已经从过去重视服务业，互联网转向发展实体经济和硬科技。而专精特新企业的标准，就是企业真正应该成长的方向。

我们一起来看一下专精特新认定标准的几个核心条款：主营业务收入占总收入 70% 以上（从专业、专注提出要求）；从事特定细分市场 3 年以上，主导产品市场占有率全省前 3 位（要求冲击细分市场，细分领域冠军企业）；研发经费支出占总收入 3% 以上（持续战略投入，持续创新，投资未来）；产品生产执行国际、国内标准，或产品通过发达国家认证（生产体系、工艺过硬，达世界级要求）。

因此，专精特新本身就是一个标准，就是一个发展的方向，代表着以核心硬科技导向的长期主义发展，要求必须持续创新，要求具备核心赛道下的盈利能力和发展能力。

（二）从机会成长到系统成长，从要素的成功到组织的成功、核心竞争力的成功

专精特新企业从规模，发展阶段上大部分处于机会成长期到系统成长的跨越阶段（参见施炜博士《企业成长导航》），要从过去单纯依靠关系、营销、产品、渠道等单一的或几个简单组合的要素的成功，跨越到依靠组织的成功，依靠综合实力的成功，真正发育起自身的核心竞争能力。

（三）从生意到事业，把以赚钱导向、短期行为导向的"生意"，转向以长期价值主义导向的事业

目前很多企业做的是一摊一摊的生意，一个一个的项目，彼此之间毫无相关，难以形成合力；或者是用资产＋概念来换政府的产业补贴、用重资产抵押贷款，再抽调到其他的寻租空间去赚钱，打擦边球；还有用多线布局＋数据去套资本的；还有些中小企业，到处找机会，且只有老板这一台"发动机"在带动，也不清楚把大家的关注点和力量聚焦到哪里。凡此种种，不管业绩规模有多大，本质上还是做生意，而没有走向组织化经营的路子上，没有形成使命牵引、事业牵引，一旦环境变动，生存愈发艰难。

实际上，要把生意做成一个事业，有了事业才可能有向心力，进而形成组织力，再而形成核心竞争力。企业要长久生存下去，必然要从机会导向转向战略导向，从老板的个人成功走向团队成功，从潜规则走向阳光规则，从粗放管理走向精益管理，从以生意盈利导向的利益集团走向长期价值主义的事业集团。

（四）从圈地、圈钱到圈人的时代

这三个"圈"中间还有一个小故事，当年华为基本法起草人之一的包政老师与华为创始人任正非喝早茶的时候，无意中提到亚当·斯密将土地、资本和劳动视为决定商品价值创造的核心要素，谁掌握了核心要素谁就掌握主导权。农耕时代谁掌握着土地，谁就掌握着最大的话语权，工业时代谁掌握大资本谁就有最终的话事权，**这个时代是人本的时代，谁掌握着核心人才，谁就有这个时代的话语权。**话音刚落，说者无心，听者有意。任正非打电话给人力资源部门，一方面询问政府给的人才补贴和人才名额有没有落地，另一方面当即安排把国内前三位高校的电信专业的学生全部招进华为。可见，大企业家的远见卓识，捕捉机会的能力和行动力，往往是异乎常人的。

目前专精特新企业面临着更激烈的人才战争，定义了"圈人"之后，怎样一个"圈法"？这是个需要深度思考的问题。

二、专精特新企业的事业合伙人机制

专精特新企业要为未来的大战略长期投入、持续投入，用"固定工资，绩效工资，奖金，分红"的逻辑能否达到预期的效果吸引足够"大牛"的人才，答案是"能"，只是成本太高了——小企业发不起；**中等规模企业要规划上市**，高额的薪酬成本会造成企业估值严重降低，减缓上市的进程；**上市企业业绩压力大**；不忧愁资金的公司又担心引进高薪人才会造成新老员工工资倒挂的问题，严重破坏公司的薪酬体系，伤老员工的心。这些情况，管理者们可能都深有体会。

那么，专精特新企业的事业合伙人机制，怎么解决上述种种人才激励难题？核心宗旨是一个：用未来"值钱"的逻辑来反哺核心人才价值分配的不足，弥补以"赚钱"为单纯的分配逻辑无法解决的问题。

具体的机制，可以从以下四个方面来进行深度考量和设计。

（一）事业合伙人机制激励：用资本价值放大的预期来反哺工资奖金发放的不足

笔者在企业现场跟很多企业家交流，谈到激励机制时，都是企业家们当前的痛点，"实际上你发放给员工 500 万元的奖金，你有没有考虑过，你所发的是 500 万元奖金吗，实际上不是，你发掉了 1 个亿市值（假设你的企业是 20 倍市盈率），那再进一步想，你为什么要发 500 万元奖金呢，为什么不给员工发 2000 万元的市值呢（这个可以通过事业合伙人机制来实现），这样上市公司的市值增加了 1 亿元，假设老板持有 40% 的股份，老板多赚了 4000 万元，员工多赚了 1500 万元，股民也赚钱，因为市值增长了，形成了多方共赢"。

笔者还和企业的准合伙人们交流过，"我们既然准备为这个事业奋斗，也认可老板，相信老板，我们就来算一笔账，我们就算每年赚 100 万元（这在职场算是高薪中的高薪了，况且现在我们还拿不到），你 10 年能拿到多少钱？1000 万元。20 年呢？2000 万元。我们的职业生命能有多少年？职业生命中积攒 2000 万元能算财富自由吗？退一步说，这个数字在 20 年后养老，我们能放心养吗？很显然不能。如果这 2000 万元我们能加上一个 20 倍的杠杆呢，4 亿元，这样就够了！那就一定要参与事业合伙人机制，这 4 个亿就是我们要奋斗的目标"。准合伙人很认同。

用"值钱"的逻辑来反哺"赚钱"是大家很容易认同的逻辑，企业家和合伙人们很容易达成共识。具体操作上则可以从结构设置上来达成，我们继续分解。

（二）建立基于增量价值分享的多层次股权架构

之所以很多企业股权激励设置的时候，团队的动能没有达到老板的预期，甚至进一步来说，越逼近上市成功动能越不足。除上文观点提到的事业理论未建立和未共识之外，更重要的一个原因是"增量价值分享"的逻辑没有设计进来。另外没有实现多层次的架构体系和动态股权机制，造成了搭便车，乃至"躺平""摆烂"现象的出现。下面我们来逐项澄清：

1. 增量价值和增量价值的种类

笔者在一家拟上市的新零售企业和企业家交流时，这家企业的老板就比较焦虑一个现象：他在华东、中部和大湾区的几支队伍是最能打的，但是几支队伍的老大，每年躺在功劳簿上不动弹，到年底，仅业绩的存量就能稳稳分配大几十万元，说也说不得，减也减不得，撤换更是不可能。我点明了**这个现象的核心弊病在于没有设置增量分享，更没有把这群"大员"绑定到公司的未来战略发展之中**（资本价值反哺的逻辑上文已提到）。从增量价值来说，需要有一个订立增量的措施，以及兑现增量的逻辑。

增量价值一般有三种：自然增量、对标增量和目标增量。自然增量是依据每年的历史数据计算出本年度应该发展的增量空间，这个模式在成熟业务中比较常用，目的还是说服团队签约业绩责任书。对标增量，则是与业界最优实践对标，最好的做成什么样子（国内最优或国际最优），就要求队伍做成什么样子，这种做法要有很强的文化支撑，强势威权的企业家和强执行力的组织团队，才容易落实下去。最后一个是目标增量，目标增量是按照三至五年业绩要求，上市发展的要求，甚至是依据愿景长期目标倒算出来的要求。目标一出，就要雷打不动贯彻到底。在大部分实施企业中，我都主张用目标增量，因为这更容易符合企业的战略意图。

依据目标增量的计算逻辑是什么呢？一般设置三个值，基本值（即红线值）、目标值和挑战值，每一级设立相应的奖金、分红和对应股权的阶梯系数，完成系数越高，兑现值越大。那么另一个问题出现了，目标一般是集体完成的，股权又是个人持有的，有人搭了集体的便车，搭了小团队的便车怎么去识别？股权又是已经发放的，无法撤回、无法变动怎么办？那就是下文的阐述。

2. 任务市场与动态股权

企业设置战略任务，尤其合伙人所考量的战略任务不可能单纯从营收规模、利率要求、市场占有率和研发新品等经营指标来进行，必须要把未来的战略要求考虑进来，这就是导向长期战略的战略任务。

很明显，兼具战略性的长期任务指标没法用量化的数据来衡量，就成了一个实现难题。而合伙人的股权又要通过完成任务来兑现，因此笔者在企业辅导实践中给企业设置了任务市场／任务矩阵的衡量办法。将一个个从战略路径、核心战略能力要求、战略举措中提炼出的战略任务排布成任务市场，每一项任务都依据其战略重要程度和难度系数综合衡量后赋值，这样每一项任务就会有明确的权重。我们举一个高温合金制造企业的示例（见表1）。

列表中，每一项战略任务都有具体目标值达成要求，十大战略任务中，无法用数值衡量的就用计划达成标准来测度，每一个任务都要求有落地计划，落地计划都要有重大里程碑和节点标准，达成了这些才算完成任务。同时，每一个目标都有一个相应的权重，再对应每一个合伙人在此任务指标下的预估参与贡献比例，作为合伙人股权的赋值条件。最终，再以此任务市场矩阵作为衡量合伙人最终贡献的兑现标准，完成动态调整（起始股权的变动就是动态股权的实现过程，用实缴＋认缴，具体以GP回购LP的做法来实现动态股权）。

表1　　　　　　　　　　　　某高温合金制造企业示例

序号	关键业绩目标	目标值	权重	合伙人1	合伙人2	合伙人3	合伙人4	...	...	...	...	...	...	合伙人n	合计
1	两盘竞标保二争一	XX	18%	10%	25%	15%	35%	5%			5%				100%
2	军品销售收入	XX亿	10%	10%	22%	18%	15%	5%	15%	5%	5%				100%
3	民品销售收入	XX亿	9%	20%	30%	25%				10%	15%				100%
4	交付满足客户合同和协议要求的合格产品	100%	10%	10%	10%	10%	15%		30%	10%	10%		...		100%
5	收购兼并带来的企业收入	3亿	7%	15%	5%	5%	5%	8%	5%	5%	5%	5%			100%
6	深汕基地建设	100%	10%	15%			10%	5%	10%	10%			...		100%
7	上海基地建设	100%	5%	25%			5%		5%	10%	10%				100%
8	XX股份定增13亿	11月30日	8%	20%			8%	8%	8%	8%	8%	30%			100%
9	储备人才培养	1-2	15%	10%	5%	2%	10%	10%	10%	10%	10%	2%			100%
10	战略布局任务（5XXX签约，军科委项目，航空实验室，其他）	3项	8%	10%	20%	5%	5%	5%	5%	5%	5%				100%

动态股权的设计避免了搭便车行为，让奋斗者真正能够实现"多劳多得"，"躺平者"和"摆烂者"成为"少劳少得，不劳不得"的对象。

众多企业的事业合伙人机制迟迟没法建立，问题的关键点也在于这些企业家担心释放出去的股权没法实现"动态化"，担心没法衡量每个人的贡献应该对应拿多少股权价值，更担心合伙人拿到股权就不奋斗了。这些担心在任务市场和动态股权的机制下都是能够解决的。

3. 事业合伙人机制结构的设计

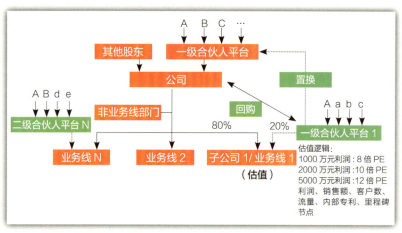

图1　事业合伙人结构示意图

我们以图1的事业合伙人结构的搭建为例，该示例以内部股权的交易市场作为激励和分配机制的实现形式（此示例在非上市企业容易实现），以公司层面的回购机制作为激励。公司为激励某增量业务单元的合伙人，设置激励平台，假设公司占有该公司或业务线80%的股权，团队占有20%的股权，这时公司会创造一个内部股权的交易市场，当子公司或者业务线创造1000万元的利润后，公司以8倍的PE进行回购；创造2000万元的利润，以10倍的PE回购；创造5000万元的利润，以12倍的PE回购（为防击穿，该公司行业市盈率必须在24

倍以上）。如果通过一两年的努力，业务团队干到了1000万元的利润，公司给这个子公司8000万元的估值，团队20%的股权，将有1600万元，4个人分，每个人就能分400万元。如果能创造2000万元的利润，就是2亿元的估值，20%的股权就是4000万元，4个合伙人可以在相对短的一个周期内实现可观的一笔收入。每个人为自己去奋斗，同时也为公司创造价值。这时候好多企业家会问，给下面这么高的回报，那自己不亏吗？怎么会亏呢，公司占80%的股权。一方面操作中必须设计相应的防击穿措施，现金与股权配套约定，资本市场约束条件等；另一方面在此基础上这个机制创造的价值，以上市的市盈率来计算，公司获得的回报才是最大的。这样的回购机制，简单来说就是想赚1个亿，那先得帮公司赚10个亿到50个亿，只有帮公司赚10个亿到50个亿之后，自己才能赚到这1个亿。

同时，除内部的交易市场机制，还有成为上一级合伙人的机会，获取更大平台的股权，也不排除本业务单元做大做强，走向IPO自主获得在资本市场变现价值的机会，这样对于团队的股权变现价值将会更大，实现团队的自主、自动、自发创造价值，真正成为事业的主人、事业合伙人。

（三）事业合伙人链接产业生态——专精特新企业外部产业合伙人的结构设计

外部产业合伙人又叫产业合伙人，专精特新企业的技术、资本、产业链上下游的联系紧密度更高，外部产业合作的机会更大，很多专精特新企业都已经从"企业经营"转变到"产业经营"阶段，产业经营最大的问题在于产业经营要素资源的整合以及由此产生的经营风险的提高。

收购一个拥有要素资源的企业往往给企业造成沉重的资金压力和经营风险的提高，而应用事业合伙人模式进行产业要素的整合，能够大幅降低企业当期资金支出，降低经营风险（例如潜在亏损可能的并表压力），提高产业要素企业奋斗的积极性，从而把产业链各利益相关方即产业链上游（供应商），产业链下游（代理商），政府，科研机构，金融机构，甚至竞争对手转变为产业合伙人，发挥各自的长板能力，达到多方共赢的结果。

下面举一个产业合伙人结构的例子（见图2）。

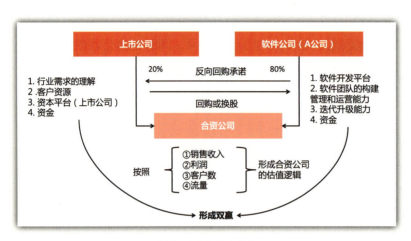

图2 产业合伙人结构

上市公司与A公司成立合资公司，上市公司实缴注册资本200万元，占合资公司20%股权；A公司认缴注册资本800万元，占合资公司80%股权。

A公司负责合资公司的经营管理，包括：人员、技术、管理、市场营销等，上市公司负责资源的提供，包括：信誉背书、客户资源，启动资金等。

约定条件达到（在5年内），上市公司以增资方式控股合资公司51%股权；约定条件未达到，A公司承诺回购上市公司持有的合资公司20%股权，并按当期基准利率上浮10%支付上市公司实缴注册资本利息。

约定条件：（1）利润200万元，PE：4.5倍；（2）利润500万元，PE：6倍；（3）利润1000万元，PE：10倍。

上市公司完成控股（51%）后三年内，分别根据约定条件以股权转让方式（现金＋上市公司股权）优先收购合资公司16%、16%、17%股权（对于上市公司来说，第一年即达到

67% 绝对控股，在第三年即达到了 100% 控股）。

合资公司所有软件著作权（专利权），A 公司不得提供给第三方公司（风险控制）。

上述案例中上市公司只投资了 200 万元的运作资金，撬动了并表收益 900 万元到 1 亿元的增量价值；而对于 A 公司来说，既得到了上市公司的背书、客户和资金支持，又获得了快速崛起的机会，最终短期内分到超出市场盈利最大化的增值收益，双方达成了共赢。

对于产业合伙人来说，要突破一个"资源整合"的认知固化，**不是谁整合谁，或者谁被整合，而是各种资源之间的相互合伙、相互赋能、相互成就**。这些资源包括：资本资源、客户资源、渠道资源、技术资源、产能资源、政府资源、智力资源，等等，即所有能够为事业发展提供价值的要素性的东西。专精特新企业首先要突破这个思维局限，打开格局，开放资源，去链接产业生态资源，形成自身更大的产业增量。

最后，篇幅所限，关于专精特新事业合伙制的全部内容无法完整的在此表述，希望有志于做久、做强、做好的企业来与我们共同交流、共同探索。

视野

CHINA STONE ▶▶

　　我国是市场大国但为何不是技术强国？原因是多方面的，其中之一就是中国缺乏链长型企业主动担当行业关键产品性技术创新的重任，深层次原因是市场失灵情形下缺乏政府引导下的重大产业科技创新体制。

——张百舸

论新型举国体制与产业科技创新

■ 作者 | 张百舸　华夏基石管理咨询集团副总裁

　　面对美国政府近年来持续的经济制裁，尤其是 2022 年 10 月 7 日美国政府颁布的针对中国芯片产业的一揽子打压政策，中国数字经济发展遇到了前所未有的挑战，产业自主技术创新已经成为我们唯一的选择。

　　2022 年 9 月 6 日中央全面深化改革委员会召开第二十七次会议，审议通过了《关于健全社会主义市场经济条件下关键核心技术攻关新型举国体制的意见》。会议指出，健全关键核心技术攻关新型举国体制，要把政府、市场、社会有机结合起来，科学统筹、集中力量、优化机制、协同攻关。

　　会议首次提出用新型举国体制破解"卡脖子"产业技术难题，以及什么叫新型举国体制，什么情形下需要新型举国体制，如何践行新型举国体制，等等。笔者作为一位来自一线的企业工作者，国家情怀油然而生，也想对这一必要而迫切的重大国家举措谈谈个人见解。

市场失灵与技术创新

　　当国家产业经济安全遇到严峻外部挑战，或者重大风险性技术创新不能通过市场机制解决的情形下，举国体制是一种不得已的选择。

　　举国体制最早源于美国在第二次世界大战时，为了把以民用生产为主的美国工业迅速转向以军工为主的生产，美国国会通过紧急立法设立了一个"史无前例"、只对总统负责的特殊机构——战时生产局。对美国军事技术创新发挥巨大作用的、知名的 DARPA（美国国防高级研究计划局），就是"举国体制"的产物。2021 年美国颁布的《无尽前沿法案》也是参照了这一组织体制，想把这一套成功的体制复制到市场经济领域。DARPA 近些年特别强调民用技术对军事技术的反哺，类似于我们所说的军民融合。不可否认，DARPA 在美国的科技创新尤其是科技成果的商业转化方面发挥了巨大作用，包括大家熟悉的互联网技术最早也是源于军方技术。

20 世纪中央专委是中国式举国体制的产物，后因"文革"而停止，其在中国"两弹一艇一星"国防科技创新中发挥了巨大作用。但显然，过去的举国体制并不适合现代产业科技创新的需要。

研究中美的举国体制模式，我发现有三个共同点：一是项目针对的是需要突破关键性技术的产品技术或者对于当下而言一定是商业化的产品技术，绝对不是我们常说的大学科研院所承担的基础性技术创新攻关，也不是我们传统认知的一般性应用技术，是一种外部经济性很强的商业化技术。这也是美国DARPA 为什么要设一些财务性职位，就是要对科技创新项目的经济价值进行评估。二是有明确的项目时间节点要求，时间节点考核甚至会成为项目继续与否的关键指标之一。三是组织机构简化且运作市场化。据说 DARPA 内部公务员编制人员不到几十人，大部分是社会化的财务专业人员和项目经理，DARPA不干涉创新开发过程，仅根据相应标准进行立项审批和绩效评价，给予项目工程师较为宽松的开发自由。

因此举国体制既不是计划经济产物也不是市场经济产物，而是在市场的失灵情形下一种产业科技创新攻关及其成果转化的模式。

正确理解"新型举国体制"，一是要充分理解什么叫"新型"。新型主要是针对这种模式的运作体制机制而言，新型举国体制不同于集中力量办大事，政府不能大包大揽更不能因此成立官僚化行政机构，而是要推动有效市场和有为政府更好结合，强化企业技术创新主体地位，加快转变政府科技管理职能。山东人才集团王卫中董事长曾说"科技创新成效低下的部分原因是产学研联合运作体制机制存在制度性缺陷"，大学或科研院所多属于事业体制，对科技创新成果的产品化、市场化缺乏必要的专业认知，而且研究目标有时候也并非在于商业化。根据2022年7月国家知识产权局发布的《2021年中国专利调查报告》显示，2021年，我国有效发明专利产业化率为35.4%，其中，企业有效发明专利产业化率达46.8%，科研单位为15.6%，高校仅为3.0%。因此，对于新型举国体制，中央全面深化改革委员会强调"强化企业技术创新主体地位"，产业价值链"龙头"型企业或者类似于美国科技创新中的市场化中介机构要肩负产业科技创新的主体责任。

二是要理解如何恰当发挥"举国之力"。举国之力常指政治、政策、财政、金融、国土、市场、人力、外交、国防、舆情等十大主体之力，是国家力量的恰当运用。因此在产业经济领域要慎用"举国体制"，不能使之常态化，否则会造成巨大社会浪费，尤其容易滋生腐败，要在特殊场景、非常时机采用。

我国是市场大国但为何不是技术强国？这是近期困扰大家的热点话题。我国是汽车消费大国但关键技术并不掌握在中国企业之手，我国是手机第一消费市场但苹果手机却攫取了全球手机市场约80%的利润，我国是笔记本电脑的第一消费市场但自产芯片自产操作系统市场占比微乎其微，这种情况不胜枚举。市场优势并未转化为技术优势，原因是多方面的，其中之一就是中国缺乏链长型企业主动担当行业关键产品性技术创新的重任，深层次原因是市场失灵情形下缺乏政府引导下的重大产业科技创新体制。

产业科技创新与政府角色

我在对优秀企业创新实践经验的研究中发现，产业科技创新的关键成功要素主要包含人才密度、数据中台、资本投入和企业家精神四个方面。

1. 人才密度

人才密度是近些年谷歌、奈飞、苹果等全球科技巨头提出的一个新概念，我们在给复星提供相关管理咨询过程中也对人才密度的定义进行了相应规范，企业不同定义不同，像南京钢铁提出的"灯塔人才计划"就是人才密度概念的延伸。毫无疑问，科学家人才对重大产业科技创新的贡献不同于一般性科技人才，像谷歌就汇聚了全球约 50% 顶尖数字科技方面的科学家，带动了谷歌在大数据科技方面的快速发展。再如华为就以"一杯咖啡吸收世界的能量"，在全球设立研究所招募全球科学家。争夺顶尖科学家人才已经成为全球科技巨头的人力资源管理重点。

> 人才密度是近些年谷歌、奈飞、苹果等全球科技巨头提出的一个新概念。

2. 数据中台

数据中台代表企业研发的积淀也是研发能力的体现。科技创新需要积累，这就是为什么全球一流企业非常注重数据中台建设，关键科技技术攻关需要时间，切忌搞"大跃进"式运动。基础研发、原创技术研发等往往带有一定的误导性，"熊彼特式"创新不一定适合数字经济时代的创新需求，数字经济时代，产业科技创新模式已经转化为"积木式"创新，创新进化程度与场景数据紧密正相关，所谓"0 到 1"创新也是在前人研发成功或失败的基础上开展的。我曾在德国一家知名车企参观时候发现，他们企业创立之初的第一张图纸、第一次试产数据居然都完好保存着，但反观我国的部分企业，在研发数据管理方面确实存在重视不够保存不整的问题。

3. 资本投入

资本投入和财政投入是不同的概念。我国政府对科技创新非常支持，十年来，中国对高科技的投入翻了一番，从 2012 年的将近 10 万亿元增至 2021 年的将近 20 万亿元。但结果并不令人满意。据调查统计，我国科技成果转化率仅约为 15%，最终转化为工业产品的成果不足 5%，而欧美发达国家的转化率则高达 45%。其中部分原因是科技创新并未被市场所认识所认可，资本其实是很好的筛选手段。

山东人才集团王卫中董事长提出人才金融概念，即一是从激励的角度推动人才资本化，二是从市场估值的角度推动人才科技创新成果资本化。他认为通过人才金融可以市场化甄选出产业科技创新人才及项目，降低政府投资风险，为此山东人才集团还开创了技术经纪人中介服务，专门为科技创新人才提供对接资本市场的专业服务。为什么我们认为王卫东董事长提出的人才金融概念对科技创新非常有借鉴意义呢？我曾服务过一家高科技上市公司，创始人非常重视科技创新，公司每年拿出大量的财务资金投入新产品研发，研发投入比率在行业中遥遥领先，但研发成效非常不理想，很多新产品研发遥遥无期，导致公司财务状况不佳，最后不得已砍掉了很多研发项目。但是我们服务过的另外一家上市公司，通过高管团队、创业团队、产业基金共同资本投资的模式，推动新业务研发，研发团队的市场意识、效率意识明显不同，新业务不到两年时间就"开花结果"，不到四年时间就独立上市了。

4. 企业家精神

企业家精神对产业科技创新引导及其成果转化往往发挥着关键作用。我们常说，数字经济时代，**场景驱动技术、技术定义市场**。用技术去改变传统市场或者去创造新市场，需要企业家精神。我们研究发现近代美国的企业家精神，更多的是基于技术创新的新市场定义能力。企业家精神不仅与企业内部的激励机制设计有关，也与外部的市场制度环境有关。美国为什么创造了这么多经济机会和财富？诺贝尔经济学奖得主诺斯曾研究过，一是科技创新，二是法院等公正地执行合约的法律机构必不可少，就是我们常说的法治环境，后者会降低企业家预期的不确定性，解除企业家的"后顾之忧"。法治建设不仅有助于保护企业家精神，也有助于保护知识产权。大家都知道，《拜杜法案》是美国科技产业得以快速崛起的重要推动力之一。因为该法案把在国家科研基金资助下取得的科技成果、专利发明的归属确认权，下放给了大学和科研机构，这就大大提高了科研成果转化的效率和科研人员的积极性。

正确认识新型举国体制与产业科技创新要把握几个要点：一是健全产业科技创新项目选择机制，外溢强、易扩散的产业关键产品性技术是重点。二是完善产业关键科技创新主体选择机制，即挑选产业链长型企业或者政府引导下市场化中介机构担任科技创新主体，后者类似于产业应用技术研究院。三是建立政府主导、社会参与的项目运作评级机制，强调项目绩效评价的专业化、透明化。四是匹配相应的政策保障机制。不仅是相关的财税扶持政策，尤其是探索适度的市场保护政策，效仿欧美发达国家，强化数据的特许经营权或数据保护，数字经济时代数据是核心的经营资产，掌握数据意味着一定程度上控制市场，以市场换技术在美国科技霸凌情形下也是一种不得已的选择。

在数字经济时代，通过产业科技创新体制机制的创新，助力我们国家不仅能成为市场大国也能成为技术强国。🏛

中共"组织路线"经验给企业的重要启示

■ 作者 | 翟 文

在中共党史上，组织路线这个概念的提出，是在 1928 年的中共六大上，但没有作出明确概括。90 年后的 2018 年，党中央明确了新时代党的组织路线是什么，简言之，就是以先进思想为指导，重点建设组织体系，培养高素质干部，凝聚各方面人才。这是中共百余年发展壮大的重要经验，是一个政党实现使命任务的有效保证，正所谓"党的力量来自组织""正确的政治路线要靠正确的组织路线来保证"。而作为经济组织的企业，要实现企业有前途、组织有绩效、员工有成就，正确的组织路线同样不可少。

一、组织、文化、人三者之间的关系

组织是形，文化是魂，人是核心。组织是由人组成的，以中共的经验来看，要想把人组织起来，发挥人的积极作用，让"兵民"成为胜利之本，就要统一思想、凝聚力量，因而思想建设、文化和价值观塑造一直是重点。如何统一人的思想？要靠宣传教育，而宣传教育要想直达每一个人，这就需要严密的组织体系，要靠组织贯彻下去。同时，人是千差万别的，理解和消化能力也有差异，不可能步调那么整齐，不可能没有诱惑，不可能不犯错误，于是还要解决意志不坚定和行动不一致的问题，这仍然要靠组织。

组织是形，塑形才能铸魂。自三湾改编、古田会议以来，"支部建在连上"是中共组织建设的一条基本原则。人在哪里，组织就覆盖到哪里、作用就发挥到哪里。在中共的各个组织体系里，司局好比"连队"、处室好比"班组"，乡镇好比"连队"、村子好比"班组"，街道好比"连队"、社区好比"班组"。那么，作为企业组织来说，自己要塑形的"连队"是什么、在哪里？需要明确这个载体。

文化是魂，铸魂才能团结。"一靠团结，二靠总结"，这是毛泽东概括的胜利之道。团结很重要的是靠思想文化和价值观，往大了说，中华民族之所以饱经苦难、几经动荡而不倒，就是因为有中华优秀传统文化的支撑。民族有魂，组织也要有魂。"全心全意为人民服务""为人民谋幸福、为民族谋复兴""任人唯贤"等，可以看作中共的组织之魂。有魂的组织行稳致远，如果没有魂，走不了太远的路。

人是核心，团结才有力量。人是具体的，不是抽象的。人是生活在群体里的，但各有各的想法，常常是不那么团结的。邓小平的话很值得深思，"中国人分散开来力量不大，集合起来力量就大了"，"最重要的是人的团结，要团结就要有共同的理想和坚定的信念"。独行快，众行远。组织的成功靠人的团结，起码是大部分人的团结。不同类型的组织里，环境、特点都不一样，人也不一样，需要根据实际情况，团结大部分人，特别是中高层，有效制定组织路线、搭建组织体系，让组织吸引人、培养人、成就人，以人取胜。

二、组织、文化、人服务于战略

德鲁克说，"规划"试图根据今天的趋势来优化明天，而"战略"旨在利用明天的新机会。**有什么样的战略，就要有什么样的组织、文化、人。**以最近这10年来说，中共的最大战略就是实现民族复兴，全面建设社会主义现代化国家、全面深化改革、全面依法治国、全面从严治党都围绕的是这个战略全局，所以"四个全面"称为战略布局。

战略明确后，组织就要跟上，这就是为什么十九届三中全会要调整和改革国家机构，有的新建、有的合并、有的撤销；同时，在组织体系上，侧重点从党的十九大强调的加强基层组织建设，到党的二十大更强调全面加强各级党组织建设，就是因为大的战略上已调整为全面推进民族复兴。**文化要跟上，实现战略目标不可能轻轻松松、敲锣打鼓，必然要面对很多想得到的和想不到的风险挑战**，特别是美国把我们当作竞争对手带来的挑战，这就是这些年为什么一直强调自信自强、斗争精神，为的就是调动和激发人的主观能动性，化挑战为机遇，化危为机。于是，人也要跟上，这就是为什么从此前一直强调的建设高素质专业化干部队伍，到党的二十大首次提出建设堪当民族复兴重任的高素质干部队伍；同时，把人才的第一资源作用和科技的第一生产力、创新的第一动力作用一体部署。

> 在党的七大上，毛泽东曾列举了未来17个方面可能要遇到的困难。

在战略制定和执行中，思维能力很重要，世界充满了不确定性，要在充分分析最坏的可能性上建立政策、调整策略。

比如，在党的七大上，毛泽东曾列举了未来 17 个方面可能要遇到的困难——第一条，外国大骂；第二条，国内大骂；第三条，被国民党占去几大块根据地；第四条，被国民党消灭若干万军队；第五条，伪军欢迎蒋介石；第六条，爆发内战；第七条，出了斯科比，中国变成希腊；第八条，"不承认波兰"，即我们党的地位得不到承认；第九条，跑掉、散掉若干万党员；第十条，党内出现悲观心理、疲劳情绪；第十一条，天灾流行，赤地千里；第十二条，经济困难；第十三条，敌人兵力集中华北；第十四条，国民党实行暗杀阴谋，暗杀我们的负责同志；第十五条，党的领导机关发生意见分歧；第十六条，国际无产阶级长期不援助我们；第十七条，其他意想不到的事。其中的第九、十、十五条专门讲的就是组织和人的问题（习近平《论把握新发展阶段、贯彻新发展理念、构建新发展格局》，中央文献出版社——注）。

据经历者回忆，这17个方面的困难，后来有的发生了、有的没发生，但发生的都没有超出这个范围。比如，面对国民党进攻根据地的困难，中共中央及时调整战略布局、组织部署、策略步骤，作出由二野挺进大别山、把战火烧到敌营的关键决策，再加上刘邓超强的执行能力，最终成功实现了这一战略意图。事实也证明，因为有正确的预见、充足的准备，党的七大之后，经过一系列因时因势的变革，组织更坚强、精神更主动、人也更团结，十几年间，发展进程之顺利大大超出预期。

三、发挥组织功能关键是把文化落进去

组织的成功某种程度上是文化的成功。文化是最持久、最坚韧的力量，它服务于组织的使命任务，服务于组织功能的实现，为组织提供精神动力。组织路线确立后，能不能贯彻执行，长远看，关键是文化能不能落进组织里。

组织的使命就是文化的使命。在党的二十大报告里，关于文化的论述，阐明了这样一个道理：文化要能够引领社会变革，为民族复兴和中国式现代化提供精神力量。可以看出，文化的使命和组织的使命是一致的，文化条件是组织路线的要件。同样的，在企业组织里建设文化，这也是首先要把握的问题。就像埃德加·沙因所说，一切文化问题，一定先聚焦于业务问题，要看自己的组织是什么，清楚知道组织的问题以及想要解决的问题是什么。这里说的业务问题，实际是就是组织的中心任务，这是主要矛盾。

作为使命的文化包含着一定的思想和价值观。思想是文化的先导，是旗帜。价值观是文化的主导，是地基。一个组织有什么样的思想和价值观，就有什么样的文化。抛开社会文化环境，在根本上，这取决于创始人或者主要创立者，当然团队和继承者也很重要，但只有创始人才能为组织注入文化基因，这是一般规律。

比如稻盛和夫，他本人是虔诚的佛教徒，信奉利他的价值观念，于是利他就是京瓷的文化，利他也再造了一个日航。

把文化落进组织里，不在于怎么说、而在于怎么做。文化很微妙，如果你提倡什么文化，但只说不做或者做的跟说的不一样，那么组织里的人也就只看不说、虚与委蛇，没人真的当回事。文化最终一定会形成口号、标语等有形的表达，但文化不是口号，也不是标语，文化是日用而不觉的行为的提炼，是具有方向引领性目标的概括。文化就是知行合一，思想和价值观一旦产生，必然会同步落实到行动里，否则，这个思想和价值观就是假的，就是忽悠人的。因而，**知和行不存在谁先谁后的问题，有的只是不断丰富、不断完善，不断根据实际情况做出一些调整。**在这个过程中，组织体系的重要性、人的重要性就突显了出来，因为文化是要通过组织体系的传递落地生根的，是要通过人的行动、在实践里最终形成的。比如中国禅宗"一日不作、一日不食"的理念，如果没有首倡者百丈禅师的风雨无阻身体力行，如果没有团体里每个人的坚持执行，如果没有禅宗的组织体系，就不会广泛流传、影响深远。

对于如何把文化落进组织里这个问题，中国人民大学的彭剑锋教授总结过五个方面，可资借鉴。一是统一思想，推动达成文化共识、文化认同；二是文化要落地，首先要落实在干部管理上，落实到领导力上，干部要带头，率先垂范；三是将核心价值观落实到人力资源的机制制度建设上来，让践行者有高回报；四是建立一套基于核心价值观的行为评价体系；五是营造组织文化氛围，真正形成文化压力场，进而产生驱动力。

四、激发人的主动性、积极性、创造性

在中共的组织路线里，一以贯之的用人原则就是德才兼备、以德为先。这个德，不仅仅指个人道德，更重要的是指，要认同组织的使命、个人使命与组织使命相统一、为组织使命而奋斗，

同时也为个人成就而努力。所谓的明大德、守公德、严私德，这个大德就是使命。

干部是决定因素。"政治路线确定之后，干部就是决定的因素"，这是毛泽东的一句名言。在中共百余年的历史上，经过千锤百炼，形成了一整套成功的培育、选拔、管理、使用干部的体系，这就是：源头培养、跟踪培养、全程培养的素质培养体系，日常考核、分类考核、近距离考核的知事识人体系，以德为先、任人唯贤、人事相宜的选拔任用体系，管思想、管工作、管作风、管纪律的从严管理体系，崇尚实干、带动担当、加油鼓劲的正向激励体系。通过这些体系建设，使干部具有使命担当、责任担当、能力担当。

> 抗战时期的延安，要吃没吃要喝没喝，穷得叮当响，却吸引全国的人才争先恐后前往，就是因为氛围好。

人才是第一资源。一个组织能广聚人才，物质的经济的原因不是最重要的，更重要的是这个组织要有氛围、有希望。一方面，是人才成就组织，但前提是这个组织得"值得"。抗战时期的延安，要吃没吃要喝没喝，穷得叮当响，却吸引全国的人才争先恐后前往，就是因为氛围好。比如，团结紧张严肃活泼的风气；又有集中又有民主、又有纪律又有自由、又有统一意志又有个人心情舒畅生动活泼的局面；以及远大的使命等。在这种氛围里，人们能看到希望，创新创造的空间无比广阔，最终是人才的汇聚造就了组织的强大。另一方面，是组织成就人才，但人才要以用为本，组织要激发人的主动性、积极性、创造性，要使人有活力。德鲁克就说："任何组织都不可能找到足够多的'优秀人才'，一个组织唯一能够在知识经济和知识社会中成为杰出的途径，是使得现有的人们产生更多的能力——即通过对知识工人的管理产生更大的生产力。这个挑战，引用一句老话就是，'让凡人做非凡之事'。"

五、借鉴中共组织经验，管理要发挥什么作用

管理是把组织、文化、人贯通起来的最有效的方式方法。在德鲁克的理论里，和其他工作相比，管理必须在组织里进行，在人际关系网中进行，是赋予一个组织生命力、行动力和活力的器官。同时管理也在社会文化里进行，反过来又影响着文化。

以中共来说，党建其实也是一种管理。政治建设解决的是使命前途问题，思想建设解决的是精神动力问题，组织建设解决的是贯彻执行问题，作风建设解决的是干事状态问题，纪律建设解决的是人的私欲问题，贯穿其中的制度建设和反腐败斗争，都是永续发展的保证。总的看，党建解决的就是党组织的先进性纯洁性问题、永葆活力问题。

通过管理，激活组织、文化、人。

一是促绩效。管理首先是为绩效而存在，绩效之所以重要，是因为不但在经济和物质层面，而且在文化心理层面都会对人产生影响。比如，发展是第一要务，要推动高质量发展，解决效率问题等理念，说的就是只有发展才能提供物质经济基础，才能让人更有信心、更有希望。在中共组织里，向来提倡处理好党建和业务的关系、文化建设和中心工作的关系，比如，强调"围绕中心抓党建、抓好党建促业务"，不能"两张皮"；经济工作是中心工作，意识形态工作是一项极端重要的工作等。究其实质，就是管理要以绩效为导向，特别是当组织规模大了之后，不能为管理而管理，而要回归人、围绕人，把科学管理和制度机制贯穿到每个组织层面，把文化和价值观植根在每个人心里。

二是促协同。严密的组织体系搭建，推动组织全覆盖、工作全覆盖，为的是让协同产生价值，这是组织的核心命题。比如在脱贫攻坚工作里，五级书记抓扶贫是纵向协同，各部门对口支援是横向协同，各类组织参与是社会协同，目的就是做到

心往一处想、劲往一处使。再如，强调中央组织是"最初一公里"、地方组织是"中间段"、基层组织是"最后一公里"，要求防止"拦路虎"、消除"中梗阻"、打通"断头路"，也是通过协同让组织体系的经脉气血畅通。企业也是如此，内部要协同，以适应战略需要，也要同外部协同，要在社会化协同网络体系中找到自己的定位。

三是促变革。时代条件、社会环境不会一成不变，变是常态、是绝对的，不变是相对的，哪怕一个组织的战略目标方向大体不变，但人的组成、人的想法也是常变的，新情况新问题也是在变化中产生的。中共之所以注重组织机构改革，乃至更大层面上的自我革命，就是通过不断调整优化自身，以适应内外部变化。企业之所以强调组织变革、文化变革，就是要让组织和人跟上战略和市场的要求。只有方向大致正确、组织保持活力，才能灵活机动地进行资源投入和配置、优化结构和机制、强化文化和价值观，才能以变革求生存，以变革抓机遇，以变革谋发展。🆔

（作者简介：翟文（笔名）致力于党建党史及企业文化管理、组织建设的关系研究，以及企业史、企业文化案例的研究撰写。为多家央企国企提供过党建与企业文化建设咨询辅导服务。）

创造顾客，更需要机制的力量

■ 作者｜赵　挺

企业的责任究竟是创造利润，还是创造顾客？

现代管理学之父彼得·德鲁克批驳了"企业是谋求利润最大化的组织"的观点。他提出"企业的宗旨是创造顾客，满足顾客的需要"。这句话中"顾客"一词的英文原文是Customer，所以也可认为是指代各类客户。

今天，在全球以及中国的企业当中，"以客户为中心"已经是一句非常盛行的文化口号。但是，在从事管理咨询过程中，我看到大量的企业，落到经营的行动依据却仍然是对成本与利润的计算，文化口号靠后站了。

创造利润原本无可厚非，毕竟长期亏损的企业根本无法活下去，哪里还谈得上创造顾客呢。盈利对于企业的持续发展，当然很重要。创造利润与创造顾客实则并不冲突。我的观点是应该把握好谋求利润的"度"，避免走到"谋求利润最大化"的极端，那样就与"创造顾客"相悖了。

怎样才能把握好这个度呢？**问题的关键在于洞察经营管理机制的牵引方向。**

正是经营管理机制对企业和员工的行为产生了直接牵引和驱动作用力。应该识别这些机制的牵引方向是否与"创造顾客"的价值观相统一，在"创造利润"的同时，避免牵引到"谋求利润最大化"。

通过两个案例，我们来进一步观察机制是怎样作用的。

案例一：

某公司在它的十几个部门里实施着十几种不同的月度奖励

机制，而且这十几种机制之间并没有拆解关系或计算逻辑的强相关性。例如，销售人员是按销售收入的提成制，其他所有部门的月度奖金机制也是各自找到量化方法的提成制。公司并没有制定公司整体的绩效评价标准。因此在变革前，公司面临如下的问题。

1. 销售人员互相之间不愿意互相帮助，因为帮助别人就会占用自己的时间，减少自己拓展新客户和新订单的时间与报酬。

2. 一旦涉及服务问题，销售人员会直接抛给服务人员去处理，服务人员与销售人员缺乏相互支撑和配合，最后往往是顾客要为这些不协同造成的服务体验差"买单"。比如服务人员通过 App 等程序来抢服务订单，当客户请求提供免费服务时，服务人员并不愿意提供，客户只好再去找到销售人员，销售人员再来找服务人员"吵架"，拉扯之间消耗了时间和精力，不仅是一种内耗，更给客户带去很差的体验。

3. 如果老客户订单增量不多，销售人员就不太愿意在老客户身上去花时间，毕竟他们拓展更多新订单才是跟他们的提成直接相关。

4. 销售人员会不惜违反区域限制的规定，去别的销售人员覆盖的区域里去见客户、抢订单。

5. 由于每个部门都有自己获取奖金的机制，很难进行组织协同，企业内部寻求资源支持要靠刷脸、刷感情、找老板。

案例二：

某公司的业务和品牌都具备了较好的增长基础，to B 市场空间也出现了增长趋势和大机会，老板有很强烈的增长欲望。但是，公司在区域里有区域分公司、总部有产品分公司、在外部还有众多代理商，这三种组织都是独立规划、决策和运营。于是，出现了不利于增长的局面：在 to B 大客户的市场，正是需要三种组织抱团协同作战，然而三种组织却互相抢客户、抢机会，各自单独的资源能力又不足，导致频频丢单；资源分散，三种组织互相抱怨，陷入"三个和尚没水喝"的尴尬。

相信读者已经发现，这两家公司的经营管理机制并不导向协同，反而助长了组织或个人"谋求自身利益最大化"，形成了各自为战的局面。

案例一公司机制的谬误是：第一，评价和激励要素过分单一，例如只衡量营业额；第二，评价机制的对象颗粒度过分小（小团体甚至个人），不同部门和不同个人很难把客户的利益放在首位，毕竟客户的反馈并不决定他们奖金多少、升职去留。这是典型的"野蛮生长"时期留下来的后遗症。

转折发生在前几年开始的行业下行，市场竞争走到白热化的阶段，业绩滑坡，公司被迫寻求变革。从 2021 年开始，我们为其设计了体系化的变革方案，苦日子里的变革，如同面临"病来如山倒"的挑战，变革方案更复杂，涉及战略、营销、服务、组织架构、文化、人才、绩效激励等全方位治理，所幸公司的变革决心非常坚定，经过一年半时间，公司终于走到了真正"以客户为中心"的全员协同作战的轨道上了。

案例二的公司，虽然发现了大客户、大机会的市场，但由于过去的管理机制惯性地助长三种组织都谋求自身利益最大化，从而无法形成协同的市场开拓行为。但相比案例一的公司，它的问题更好解决一些。因为公司处在细分市场的上行期，机会增多，需要协同的组织层次比较高，我建议他们先找到试点运作"大客户/大项目集成开拓和经营"的方案。他们已经进行试点。但仍然需要在试点收到成效之后，进一步推广到整个公司范围。

这样的案例还有很多。说白了，就是"文化说一套，行为做一套"。至于为什么会这样，无非两种情况：

第一种是没有真正吃透"企业存在的价值就是创造顾客"的理念，第二种是不知道如何让管理机制为"创造顾客"的理念服务，牵引内外部各方力量，实现"力出一孔，利出一孔"。

文化理念的力量是深远的，但一个公司内部那么多部门、那么多员工，外部还有那么多合作方，大家对理念的理解又是深浅不一的。

机制的牵引力量则是直接的，机制既是对结果的评价标准，更是对行为的要求和规则，人们对于机制更加容易理解和遵从。

我们要设计和不断检查运行机制，使之成为"创造顾客"理念的推手。认识到个人和组织的趋利本性，我们则利用机制来牵引个人和组织在多方利益之间达成共识的一种均衡，激发出各方最大的合力。

最后，我祝愿越来越多的企业，都能从心底认识到："只有顾客需要我们，我们才有长治久安的未来！"🔲

（作者简介：赵挺，企业战略管理和营销管理咨询顾问，从业 27 年，曾就职三家世界五百强头部企业的销售 / 市场部门、产品立项和开发等部门，业务模式涵盖了 to B 、to C 及渠道，有海外多地区市场开拓经验。）

阅读

CHINA STONE▶▶

正因为萧条，努力才更有意义。

——稻盛和夫

德鲁克的 10 条教导
已如诫命般融入我的人生

■ 作者 | 吉姆·柯林斯　　译者 | 彭信之管理识堂，显 祎

> ── 导 言 ──
>
> 　　网络上有"柯林斯：德鲁克教会我的人生精进 10 项原则"一文，原文是柯林斯为《卓有成效的管理者》50 周年纪念版撰写的推荐序，但存在翻译未忠于原文、任意引申的情况。因此，彭信之管理识堂的显祎重新做了翻译，力求准确反映柯林斯的原意，亦有助于读者准确理解德鲁克的思想。以下为译文全文。

　　如果你想要阅读一本关于管理者自我管理的书籍，毫无疑问彼得·德鲁克的经典著作《卓有成效的管理者》是首选。这与组织规模无关，甚至你是否经营一个组织也无关紧要。任何有责任做正确的事情，或试图妥善安排影响力最大的几个优先事项之人，都可谓管理者。

　　最卓有成效的管理者与其他人的工作时间相同，然而前者能够更充分地利用时间，并且往往比那些天资卓越之人的绩效高得多。正如德鲁克在本书开头所言：天资卓越之人往往"极其低效"。天资卓越之人已然如此，其他人还有什么指望呢？实际上，德鲁克创立的实践学科要比"天资"可靠得多。

　　首次阅读《卓有成效的管理者》时我刚刚 30 岁出头，正处于人生的重大转折关头。如今再次阅读，我发现德鲁克的教导已经如一套诫命般根深蒂固。诚然，或许德鲁克使用的若干例子和术语已显陈旧，但其洞见永不过时，至今仍像 50 多年前写

下它们时行之有效。

下面是我从德鲁克和《卓有成效的管理者》中学到的 10 条经验，可以作为管窥史上最伟大管理思想家之思想全貌的门径。

第一，从管理自己开始。

德鲁克写道："个人是否真正能管理他人，这一点尚值得商榷，但个人总能够管理自己。"对自己放松要求，却期望他人表现出最佳水平，这怎么可能呢？德鲁克提出了一条清晰明确的绩效定律：**领导者的绩效与团队的绩效之比保持不变**；因此，如果你希望团队成员的平均绩效水平提高，那么首先提高自己的绩效。

第二，充分发挥自己的优势。

德鲁克最引人注目的观点之一是，我们无法胜任大多数事情。关键问题不是如何把弱点转化为优势，而是思考"自己最擅长什么？"这必然引出一个结论：首要责任是确定自己的特长（最擅长之事、真正适合之事），进而据此指导自己的人生和职业生涯。德鲁克一针见血地指出，管理者"**盯着弱点不仅愚蠢，而且不负责任**"。

那么，德鲁克主张"立足优势"是否意味着永远回避自身（或他人）的弱点呢？是，也不是。"立足优势"意味着，如果你适合长跑，那么就不要企图成为橄榄球中后卫球员。与此同时，你必须克服那些直接阻碍你充分发挥优势的弱点。例如，迈克尔·乔丹在职业生涯的后期，不能再以年轻时的高度和力量飞向篮筐，所以他开始发挥自己前所未有的优势——后仰跳投，进而克服了其中的一项关键弱点，把后仰跳投变成了自己在球场上的另一个撒手锏。

切记，要做擅长之事，但必须精益求精；要克服弱点，但仅限于优势范围之内。

第三，以最适合自己的方式工作。

打个比方，世间每个人如同具有特定用途的工具，那么如何才能最好地发挥作用呢？有人习惯晚上工作，有人习惯上午工作；

有人擅长通过阅读获取信息，有人依靠倾听；有人喜欢一心一意做好某件事，有人喜欢在短时间内各项工作交替进行；有人是项目导向的，有人是过程导向的；有人需要休假，有人盼望假期赶紧结束；有人喜欢团队合作，有人独自工作的效果更好。

根据德鲁克的说法，我们采用不同的工作方式，犹如习惯用左手或右手。多年前我发现自己在上午更有创造力，所以不能把需要创造力的工作留待下午。德鲁克给了我信心，让我设法腾出上午的时间，以便能够在创造力高涨的时刻奋勇向前。

个人能否以最适合的方式开展工作，除了自己没人为此负责，并且你越早着手，就能够越快获得需要很长时间的累积效果。

第四，精打细算、善用时间。

德鲁克教导我们，可测量的事物能被明智地使用。因此，如果我们不能精确测量时间分配，

> 个人能否以最适合的方式开展工作，除了自己没人为此负责，并且你越早着手，就能够越快获得需要很长时间的累积效果。

那么就不能指望明智地使用时间。在德鲁克的启发下，我制作了一个电子表格，其中包含一项关键指标：记录自己每天有创造性的时间，并硬性规定每年保持在 1000 小时以上。虽然我用于差旅、领导团队、与管理者合作的时间越来越多，但这种方法让我得以保持卓越的创造力从事研究、构思观念、开展写作。

你也必须精准核算自己的时间。德鲁克写道，**能够克服大量困难成功做事之人的"秘诀"在于：一次只做一件事，拒绝在"琐事"上浪费时间。**这要求我们把零碎时间合并为整块时间，主要包括三部分：首先，个人用于思考的整块时间，最好是一天中思维最清晰的时间段，这段安静的时间可能只有 90 分钟，但即使最忙碌的管理者也必须定期拿出整块时间用于思考；其次，为人际交往和时常发生之事专门留出的大量非结构化时间；最后，参加重要会议的时间，尤其需要充分利用精心组织的常

务会议，这些会议可能是对话、辩论或决策的场所，可以利用若干思考时间来准备和跟进。

第五，开好会议，否则无异于谋财害命。

有句被人们经常挂在嘴边的俏皮话："非常抱歉给你写这封长信，因为我没时间写简短的信。"这也可以用来形容会议："非常抱歉让你参加这次冗长的会议，因为我没时间准备简短会议。"卓有成效的管理者会开发一套充分利用会议的方法，并在实践中严格遵守。

虽然开会的好方法多种多样，如同有许多方法可以烘焙出美味的饼干，但德鲁克强调所有好方法存在两个共同点：准备会议时脑海中要有明确的目标（"我们为什么要召开这次会议？"）；会议进程中要严格遵循目标。能够充分利用会议之人，准备会议耗费的时间要远远超过会议本身的时间。由于没能准备一场更简短、更成功的会议而浪费他人的时间，无异于谋财害命。尽管我们都必须要组织或参加各类会议，但会议应限于最有价值的工作；如果开会占用了你大部分时间，那么你很可能是在浪费生命。

第六，在混乱中找到常数，做出少数重大决策。

我们不断遭遇各种新情况、机遇、挑战或突发事件，所有这些似乎都需要做出相应的决策。同意、否决、参与、中止、购买、出售、进攻、撤退、接受、拒绝、回击、忽略、投资、收割、雇用，等等，一切貌似纷繁复杂，但**最卓有成效的管理者能够从中发现特定的模式**。在德鲁克看来，我们很少需要做出独一无二的一次性决策。任何优质决策都有间接成本：需要讨论和辩论，需要时间反思和集思广益，需要耗费精力确保不折不扣地执行。鉴于上述间接成本，我们最好缩小一次性决策的范围，做出若干能够适用于大量特殊情形的通用决策，从中找到特定的模式——简言之，在混乱中找到通用理念。

例如，沃伦·巴菲特做投资决策时，会忽略绝大多数可能性，将其作为背景噪声。相反，他会做出若干重大决策，例如决定不再以非常便宜的价格收购平庸企业，转而高价收购能够大量盈利的企业，接下来会一遍又一遍地重复这个决策模式。对德鲁克而言，那些能够领会巴菲特"不作为可能是明智做法"之人，要比做出数百个缺乏通用理念的决策之人卓有成效得多。

第七，发挥不可或缺的独特影响。

当一位朋友成为某家顶级大学的董事会主席后，他向我咨询了一个问题："我如何才能让自己做出丰功伟绩？"我琢磨着德鲁克可能会如何回答，然后说："确定一件对该校的未来最有贡献的大事，并设法完成。如果你发挥不可或缺的作用（如果没有你的领导就不会做出的一项决策，哪怕从没有人把推动此事的功劳算在你头上），那么将立下重大功绩。"

德鲁克在自己的咨询工作中也秉持这种理念。当提到对客户的贡献时，他谦虚地说："总体来看，我从客户那里得到的东西要比他们从我这里学到的多。"然后，他停顿了一下补充道："当然，每个案例都存在一个绝对的根本性决策，如果没有我，客户是不会做出的。"那么，你所在组织绝对的根本性决策（如果没有你，就不会做出该决策）是什么呢？

第八，勇于舍弃，拥抱未来。

管理者手头往往有一个不断扩充的待办事项清单，却没有应坚决放弃之事的列表，这是缺乏自律的表现。聚焦于优先事项意味着清理琐事。打个比方，处理一个堆满杂物的盘子的最佳方法，往往是把所有杂物一股脑扔进垃圾桶，清洗干净盘子后重新开始。

最重要的是，我们不能因为忙于处理最大的难题或过去的错误而白白错失当前的大好时机。我们的眼光应该从过去转向未来，并努力创造未来，不断思考"下一步需要做什么"。

然而，当过去的难题需要我们投入精力，或者面临前人累积的遗留问题时，如何做到这一点呢？德鲁克用反问形式给出了答案（这也是他的思想宝库中最鞭辟入里的问题之一）：对于已经在开展的事务（从事某项业务、雇用某位人员、制定某项政策、启动某个项目等），如果现在让你重新决策，你会决定启动吗？如果答案是否定的，那么你现在为什么还要继续呢？

第九，保持精简，避免臃肿和冗余。

德鲁克最重要的洞见之一是，组织在某个关键方面犹如生物有机体：内部质量的增长速度快于外表面，因此，随着组织的成长管理者会把越来越多精力用于管理内部事务，而不是为外部世界作出贡献。

与此匹配的是德鲁克的另一个重要观点：在关键岗位上，一名恰当人选取得的成就，远远大于多名二流人员共同取得的成就。所以，管理者应雇用更优秀的人员，委以重任，强化责任，鼓励他们放手工作。管理者要抵制因人设岗的诱惑（除非为了极其罕见的天才人物），因为这将不可避免地创造冗余岗位。德鲁克写道："人员越少，规模越小，内部事务越简单，组织就越臻于完美。"

> 我们不能因为忙于处理最大的难题或过去的错误而白白错失当前的大好时机。我们的眼光应该从过去转向未来，并努力创造未来。

第十，成为有用之人，改变他人的生活。

在我 36 岁的时候，《工业周刊》（*Industry Week*）杂志的编辑汤姆·布朗（Tom Brown）不知为何让德鲁克邀请我去克莱蒙特。某天在斯坦福大学讲完课后，我打开了自己的语音留言电话，随后传来一声洪亮的奥地利口音自我介绍："我是彼得·德鲁克……"当我给他回电商量会面日程时，问他我是否需要与助理联系，他答道："我给自己当助理。"

德鲁克生活简朴，没有工作人员，没有研究助理，甚至没有正式办公室。他在一栋普通住宅的空闲卧室中工作，里面有一张小书桌，一台与书桌呈 90 度角摆放的老式打字机，打字时发出咔嗒咔嗒的声音。然而，正是在这栋普通住宅的起居室中，德鲁克会见了无数有权有势的首席执行官。他不是端坐在办公桌后，而是习惯坐在一把藤椅上。然而，正是在这种极为简朴的条件下，德鲁克成了 20 世纪最有影响力的管理思想家。

我的一生中有 10 个最重要的日子，与德鲁克的第一次会面是其中之一。德鲁克长期研究一个宏大问题：我们如何才能使社会既更有成效又更有人情味？正如德鲁克一打开前门就用两只手握住我的手说："柯林斯先生，见到你真高兴，请进来。"他的热情带有浓浓的人情味，但他的工作更是卓有成效。有一次，我问他在已经出版的 26 本著作中，最自豪的是哪一本，86 岁高龄的德鲁克回答道："下一本！"后来他又出版了十几本著作。

当时我正打算辞去斯坦福大学的教职，走一条与众不同的道路，对此我非常担忧。那天快要结束时，德鲁克对我耳提面命："在我看来，你似乎过于担心如何生存，你可能会坚持下去。"他继续说道："你似乎花了大量精力思考如何获得成功，但这是一个错误问题。"他停顿一下，接着像一名禅师用竹竿敲着桌子那样强调说："问题是如何成为有用之人！"一名伟大的老师能够在 30 秒内改变你的人生。

我们所有人都只有一次短暂的生命，一周都只有 168 个小时。合计起来有多少时间？如何才能改变他人的生活？这有什么重大意义呢？彼得·德鲁克（一位没有亲自经营组织，只有一间陋室和一把藤椅之人）向我们展现了一名卓有成效之人能够做出多大贡献，我们永远不应把影响力的大小与组织的规模混为一谈。最终，德鲁克达到了一位教师的最高境界，成为自己传授之思想的践行者，切实体现了自己的教导对自我一生产生的长期重大影响。🔲

越是逆境，越要特别认真地生活

■ 作者 | 稻盛和夫

· 前 言 ·

据日本广播协会电视台报道，日本著名实业家、京瓷公司名誉会长稻盛和夫于 2022 年 8 月 24 日在京都市的家中去世，终年 90 岁。先后创办两家世界五百强企业并不是稻盛和夫的全部，他还擅长化腐朽为神奇，78 岁高龄操刀日本航空改革，带领公司走出危机。在这个传奇企业家身上，更为世人所称道的是神奇背后的人生理念、经营哲学。作为一个跨越了两个世纪，全球迄今唯一创立两家"世界 500 强"的经营家、企业思想家，他是如何看待危机、渡过危机的？我们选取了他的新作《特别认真的地生活》中的相关章节，以作纪念。

一次成功可能源自偶然，但稻盛和夫屡屡创造的商业奇迹，绝非偶然或者运气可以概括。

有人说，稻盛和夫的成功源自他的商业理念"敬天爱人"，要做正确的事，有道德底线和原则规范，要有利他之心等。但不可否认的是，他的成功，很大程度上离不开个体的努力，或者说离不开稻盛和夫的人生理念——特别认真地生活。

在《特别认真地生活》这部自传中，他写道："我珍惜每一天，珍惜每一瞬，无论何事，我都以冠以'特别'字样的认真态度全力以赴，对于眼前的一切事情，我都真挚面对，认真处理，态度没有丝毫改变。"

回顾稻盛和夫的一生，不管是在松风会社工作期间，还是运营京瓷期间，抑或是患病退休期间，在每一段经历中，他都时时刻刻践行"特别认真地生活"这个信念。

一、松风会社期间：全身心投入，找到工作的成就感

稻盛和夫在自传《特别认真地生活》中写道：幸运不会降临到我的身上，从幼时起一直到今天，自己都不是一个受命运眷顾的人。所以从青年时代起，他就抱着必须特别认真的态度处理每一件事情。

稻盛和夫身体自幼就不好，患上了当时被称为绝症的肺结核。因为体质羸弱，稻盛和夫总是经常苦闷地坐在家门口，那时候，他最常看到的身影，就是舅舅拉着板车的背影。稻盛和夫的舅舅只是一个平凡人，甚至最开始只能拉着板车去街上卖菜，周围的亲戚好友都瞧不起他。可舅舅并没在意，而是靠着一年如一日的坚持，一点点从板车买卖做成了蔬菜铺子，直到过世也经营得很顺利。

舅舅的勤劳让稻盛和夫难以忘怀，那时的他，就隐隐约约感觉到自己抓住了什么很重要的东西。而随着年龄的增长，经历的丰富，对那样东西的认知也就越发清晰起来。

虽然肺结核没能要了稻盛和夫的命，可是接下来的二十多年也是波折不断，中学、大学、就职考试都一路落榜。

通过导师的帮忙，在经济萧条下，稻盛和夫好不容易才进了日本松风会社。一进会社，稻盛和夫就后悔了，因为这个公司不仅陈旧破烂，还经常拖欠工资。同期进来的伙伴，没有熬多久都陆续走了，稻盛和夫原本也想走，可是远在家乡的哥哥不予支持。

就这样，稻盛和夫没有办法，只能被迫接受当下的现实，留在了这个京都快垮掉的小会社中。

这时稻盛和夫想到了舅舅。舅舅没学问，不懂经营，进不了

大城市的公司，更不可能喜欢每天拉着比他个头还高的蔬菜千里迢迢送去市场卖，可舅舅还是能坚持做下去，为的不是什么爱好，也没有余地挑三拣四，最简单粗暴的答案就是：为了生存。

既然，当下的情况无力改变，那必须改变的就是自己的想法，要想方设法喜欢上当前的工作，除了适当的心理建设外，更重要的就是全身心投入地做起来。

想通了这些之后，稻盛和夫的心也安定了下来，顶着被罢工要工资的同事们辱骂孤立的压力，稻盛和夫干脆把锅碗瓢盆都搬进研究室，从清晨到深夜，把全部心血都倾注在产品研究中。

全身心认真地投入，是"良性循环"的开始。在没日没夜的努力下，终于有一天，他开发出了一种被称为"优质型绝缘材料"的新型陶瓷材料，这一突破，让濒临破产的松风会社收获了大量订单，并借此起死回生。

> **一个种子哪怕是落在了石头缝，只要有一点土壤就会拼命生根发芽开花。**

这次的成功是他人生第一次，以一人之力挽救一会社于危亡，这次成功所带来的成就感，足以让 27 岁的稻盛和夫感慨并坚信一个事实：一个种子哪怕是落在了石头缝，只要有一点土壤就会拼命生根发芽开花。

无论是植物还是动物，他们都在严酷的条件下拼命生存，马虎懒惰不负责任的动植物并不存在，我们人类生存于世，也必须认认真真，竭尽全力生活！

带着这种对于生命的敬畏之心，稻盛和夫早早就下定了决心：无论在什么样的情况下，他都要竭尽全力。

在《特别认真地生活》中稻盛和夫说到，每个人都经历过严酷的处境，他也曾想从逆境中逃出去，却无处投奔，实在不得已才一头扎进工作中去。不过回过头来想，当时的苦难和困境，正是生活赐予他最大的幸运。

二、京瓷期间：越是逆境，越要特别认真地生活

京瓷创立之初，当时的日本处在一个"没有方向的时代"。稻盛和夫对公司经营还不是很了解，但他满脑子只想一件事，就是怎么把眼前的工作做好。要"付出不亚于任何人的努力"，就是"特别认真地工作"。

稻盛和夫想把每件事情都认真完成的信念感，迫使他竭尽全力地工作，他的拼命程度让下属望尘莫及，也因此给手下的员工造成了很大的压力，员工们开始逐渐觉得自己的劳动和收益不匹配。

日积月累的不满终于爆发，十一位员工联合起来，甚至给稻盛和夫一张按有血印的"要求书"，要求稻盛和夫给出提升薪资的保证。也正是这场罢工，让当时小有成就的稻盛和夫多了对公司经营的思考，包括公司和员工之间的关系。

与员工在公司交涉没有结果，于是稻盛和夫把十一位员工请到自己的住处，当时他还是租的一间民宅，他们在三张榻榻米大小的房间里促膝而谈了整整三天三夜。员工只是需要一个承诺，要求稻盛和夫承诺每年会固定涨多少工资，给多少奖金，福利体系的完善等，如果不同意，他们就准备集体辞职。当时的京瓷不过刚刚起步，这十一位员工在公司的分量都不算轻，如果他们集体辞职，京瓷必定会蒙受巨大损失。可即使是这种情况下，稻盛和夫也不肯松口给任何承诺。原因在于，公司创办不过三年，虽然稻盛和夫一直很拼命地工作，但对于公司的前途仍然没有确凿的把握。

他目前想到的只是"全身心投入，总会有所成就"的范畴，对别人的一生负责这种沉甸甸的责任，他还没有把握可以承担。所以他只能跟罢工的员工们说："我能承诺的只有，我作为经营者绝不只为了我自己，我会倾尽所能把公司办成你们内心认可的好企业。我对保证大家的待遇虽然不能承诺，但一定会诚

心诚意为大家尽力，这一点我可以承诺。"由于稻盛和夫态度诚恳，终于打动了那几位员工，他们决定了留下来，并在后期发展成了京瓷的骨干员工。

也是这件事让稻盛和夫意识到，光是抱着敬畏之心，竭尽全力地工作是远远不够的，他作为一个企业家，还该有更大的担当。公司的意义就在于保障员工的生活，想通以后他早早来到公司，写下大字"追求全体员工物、心两面的幸福，为人类社会的进步发展作出贡献"。

在这一事件中诞生的这一经营理念，后来成为京瓷经营的基础。正是有了这样的经营理念，稻盛和夫企业的全体员工团结一心，这种忘我的努力才带来了企业的巨大发展。

尽管遭遇了各种各样的艰苦，京瓷依然不断地发展。

正当事业迅速扩大的时候，石油危机突然冲击了日本，京瓷也受到了严重的打击，订单锐减。当时各行各业都在裁减人员或让员工回家待岗，京瓷内部也出现了很多富余人员。石油危机，订单减少了七成，只剩下三成的工作，如果还让之前那么多的员工来做，现场的气氛就会很松弛。为了保证现场的紧张感，稻盛和夫果断将多出的七成员工调离现场。

借这个机会把公司弄得干干净净——工厂内部大扫除，整理整顿，拔除周边的杂草，整修花坛，清理水沟里的污泥。

员工们虽然心怀不安，但还是默默地干活。下雨天不能室外作业，大家就集中在会议室，学习"京瓷哲学"，围绕经营思想、人生态度等，召开学习会，讨论稻盛和夫归纳的理论，进行各方面的努力和提高。

即使在形势严峻的经济萧条中，稻盛和夫也一直把"追求全体员工物、心两面的幸福"作为经营的大义。每位员工也在对公司全面信任的基础上，坚持不懈地努力。

京瓷基于扎实的会计原则，在平时有足够资金储备的情况下，危机中没有解雇任何一名员工，并顺利度过了长期的萧条。

经济萧条对企业而言是最困难的考验之一，但稻盛和夫反而提出"萧条正是企业发展的良机"这一观点。事实上，稻盛和夫把每次的经济萧条都当作动力，促进了公司的成长发展。在石油危机中也一样。

在订单减少、生产下降时，全力进行技术开发，全员展开营销活动，并致力削减各方面的经费，把萧条当作飞跃的跳台。

在经济萧条中，一般的企业常常被消极的气氛所支配，经营者和员工低着头，坐等萧条之风刮过去。**稻盛和夫认为，正因为萧条，努力才更有意义。**

在周围一片悲观的气氛中孤军奋战，持续付出不亚于任何人的努力。这样做的企业，在形势好转时，与一般企业就会拉开很大的距离。

我们生活在一个不安宁的时代，虽然获得了物质上的富裕，却感受不到精神上的富裕，许多人似乎迷失了自己的人生目的，正因为如此，稻盛和夫认为，现在我们必须直面"人为什么活着"这一根本性的问题。

不知满足，无限度地扩展欲望，追逐财产、地位和名誉，这是人的本性。但这类东西无论占有多少也不会满足，而且不可能带往另一个世界。而不会消灭的只有一样东西，那就是"灵魂"。如果是这样，那么带着"比出生时略为美好、略为高贵的灵魂死去"，这是稻盛和夫认为的人生的目的。

那么为了磨炼灵魂，具体应该怎么做呢？他认为，**没有必要进行特别的修炼，重要的是过好每个当下——每天都必须特别认真地生活**。稻盛和夫说：人生只有一次，一定要采取真挚的、冠以"特别"二字的认真态度，这种持续不懈的努力才能让人生好转，才能培育高尚的人格，才能把与生俱来的灵魂磨炼得更加美丽。

注：本文来源于《特别认真地生活》，稻盛和夫著，曹岫云译，中信出版集团，2022年8月。